Lebendige Bäche und Flüsse

Praxistipps zur Gewässerunterhaltung und
Revitalisierung von Tieflandgewässern

Bent Lauge Madsen & Ludwig Tent

Herausgeber: Edmund Siemers-Stiftung
Hamburg 2000

Bent Lauge Madsen & Ludwig Tent

Lebendige Bäche und Flüsse

Praxistipps zur Gewässerunterhaltung und
Revitalisierung von Tieflandgewässern

Herausgeber: Edmund Siemers-Stiftung,
Schlankreye 67, 20144 Hamburg,
Tel. 040/420 63 98, Fax 420 91 82

Herstellung: Libri Books on Demand,
Gutenbergring 53, 22848 Norderstedt,
Tel. 040/534 335-83, fax -84

Erscheinungsjahr: Hamburg 2000

Gedruckt auf chlorfreiem Papier

ISBN: 3-89811-546-1

Bilder und Fotos, soweit sie nicht dem Original entstammen
oder jeweils zitiert sind:
Bayerisches Landesamt für Wasserwirtschaft: 1.3, 7.4
Frida Franko-Dossar, DK: S. 78 u.
Andreas Frutiger, EAWAG, CH: 2
Aksel Bo Madsen, Inge-Marie Fruelund, DK: 4.23
Alexa Sabarth: 5
Ludwig Tent: 3, 1.15, 1.23, 2.9, 2.10, 4.16, 4.22, 5.2, 6.3;
    S. 8, S. 21, S. 93, S. 121 u., S. 122, S. 137, S. 155

Text- und Abbildungs-Layout: Holger Kurz

Die Erträge aus dem Verkauf dieses Buches erhält die Stiftung
Natur und Pflanzen für Maßnahmen des Fließgewässerschut-
zes (Konto 1280 229 228, Hamburger Sparkasse, BLZ 200
505 50).

Wer Hinweise zu notwendigen Korrekturen oder Ergänzun-
gen für eine Neuauflage hat, ist herzlich eingeladen, diese an
den Herausgeber zu senden (bitte möglichst mit Zeichnungen
und/oder reproduktionsfähigen Fotos).

„In einem Bächlein helle,
da schoß in froher Eil
die launige Forelle
vorüber wie ein Pfeil. ...“

(18./19. Jh., Text: C.F.D. Schubart, Musik: F. Schubert)

Inhalt

Vorwort

Es ist offenkundig: Die Bäche und Flüsse des norddeutschen Tieflandes haben trotz verbesserter Wasserqualität weder ihren früheren Artenreichtum noch ihre einstige Produktivität wiedererlangt. Inzwischen sind 15 Jahre vergangen, seit Janssen (in MELF-SH 1985 und in Janssen und Gäbler 1984) die Situation unserer Tieflandbäche und -flüsse am Beispiel Schleswig-Holsteins ausführlich beschrieb und notwendige, praxisbezogene Handlungen für Fachwelt und interessierte Öffentlichkeit vorstellte.

Offenbar war aber die Beschäftigung der deutschen Wasserwirtschaft mit Aufgaben der Abwasserreinigung damals noch so intensiv und der Naturschutz auf Moore und Wiesen fixiert, daß die spezifischen Ansprüche unserer einst turbulenten Fließgewässer in Vergessenheit gerieten. So ist z.B. in einer neueren Broschüre Schleswig-Holsteins (MUNF-SH 1998) festzustellen, daß bereits die Charakteristik der Quelle-/Meer-Zonierung der Fließgewässer nahezu nicht mehr bekannt ist. Diese durch Ausbau und Gewässerunterhaltung regelmäßig gestörten Lebensräume werden nur noch als langsam - wenn überhaupt - fließende Kanäle erkannt. Als Folge hiervon werden 100 Jahre fachlicher Erkenntnisse mit klaren Zielsetzungen für den Lebensraum Bach in den flächenhaften Anforderungen nicht mehr hinreichend berücksichtigt (Janssen 1999). Fischereibiologische Untersuchungen belegen dementsprechend, daß es vor allem die kieslaichenden Neunaugen und Fischarten sind, die hierunter zu leiden haben (Spratte und Hartmann 1998, LANU-SH 1999).

Andere Arbeiten, wie die an 5 beispielhaft ausgewählten bundesdeutschen Fließgewässern gewonnenen und veröffentlichten umfangreichen Ergebnisse (DVWK 1996), bauen allerdings auch weiter auf standortbezogene, fachliche Grundlagen. Auch der internationale Fachaustausch kommt zu denselben Schlüssen (Hansen & Madsen 1997, 1998). Klar zeigt sich, daß für die notwendigen Umstellungen im Handeln neben der Beachtung der rechtlichen Rahmenregelungen die Bereitschaft und Fähigkeit zur Neuorientierung erforderlich sind. Um dies zu fördern, sind vor allem Angebote nötig, die praxisorientierte Hilfen geben. Gesucht sind Möglichkeiten, gute Umweltbedingungen in unseren zahlreichen Fließgewässern wieder herzustellen: die Fließgewässer so zu behandeln, daß sie wie früher zu einem Lebensraum für eine reichhaltige Flora und Fauna werden können.

Die Edmund Siemers-Stiftung sieht es als ihre Aufgabe an, durch ihre Öffentlichkeits- und Bildungsarbeit derartige Informationsangebote zu transportieren und die Umsetzung zu unterstützen. Die vorliegende, von Dr. Ludwig Tent übersetzte und überarbeitete Fassung des dänischen Buches von Bent Lauge Madsen (Madsen 1995) bietet hierfür eine hervorragende Grundlage.

Einleitung

Fließgewässer gehören zu den anziehendsten Landschaftsteilen. Sie prägen die Talräume und ermöglichen ein reichhaltiges Leben in der Natur.

Die Menschen leben seit Urzeiten nahe den Wasserläufen und haben über die Jahrhunderte von ihnen profitiert. Dies hat jedoch auch seine Zeichen hinterlassen.

Wir haben die Gewässer verändert. Sie wurden aufgestaut, damit Mühlen ihre Energie nutzen konnten. Hierdurch wurde die Wanderung vieler Fischarten zu ihren Laichplätzen verhindert. Wir haben die Fließgewässer für landwirtschaftliche Zwecke ausgebeutet. Bis vor wenigen Jahrzehnten war die Landwirtschaft einer der bedeutendsten Wirtschaftszweige. Dränagen waren eine Grundvoraussetzung für gut nutzbare Wiesen und Felder.

Mit fortschreitender Kultivierung von tiefliegenden Flächen wurde es notwendig, die Fließgewässer zu begradigen und zu vertiefen. Diesem folgte eine „harte" Gewässerunterhaltung mit regelhaft über lange Strecken stattfindendem Pflanzenmähen und Baggern. All dies diente dazu, das Wasser möglichst schnell und effektiv abzuleiten.

Die Fließgewässer boten scheinbar auch eine leichte Lösung für das Abwasserproblem. Es ist sicher kein Zufall, daß die meisten frühen Gewerbebetriebe und Industrien entlang von Wasserläufen entstanden: Auf diese Weise konnten sie ihr Abwasser schnell ableiten. Darüberhinaus wurden in den Städten Abwasserkanäle gebaut, mit der Folge, daß sich seit gut einem Jahrhundert zwar die Hygiene in den Städten verbesserte, in den Fließgewässern jedoch Beeinträchtigungen der Wasserqualität deutlich wahrnehmbar wurden.

Kläranlagen wurden gebaut und die Verschmutzung der Gewässer, z.B. durch Silosickersaft, wurde verboten. Mit den in den 70er Jahren aufkommenden, breit getragenen Erkenntnissen, daß Umweltschutzhandeln dringend notwendig ist, wurden diese Maßnahmen intensiviert. Es wurden auch spezielle Wasserqualitätsziele definiert, die damals wie heute zum Schutz unserer Gewässer große Bedeutung haben.

Bereits in den 70er Jahren wurde deutlich, daß Klärwerkstechnik allein keine gute Gewässerqualität sicherstellen kann. Gute, chemisch zu messende Wasserqualität reicht nicht aus. Die Güte eines Gewässers ist charakterisiert durch

- sauberes Wasser,
- ausreichende Wassermenge und insbesondere
- eine Struktur, die für standorttypische Pflanzen und Tiere einen vielfältigen Lebensraum bietet.

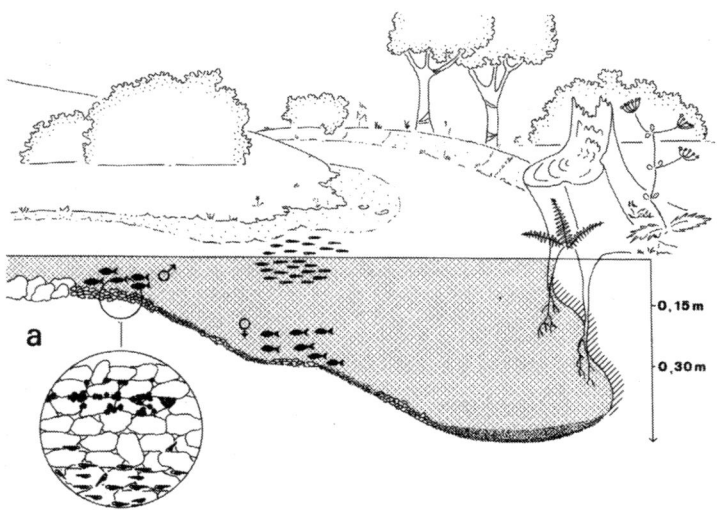

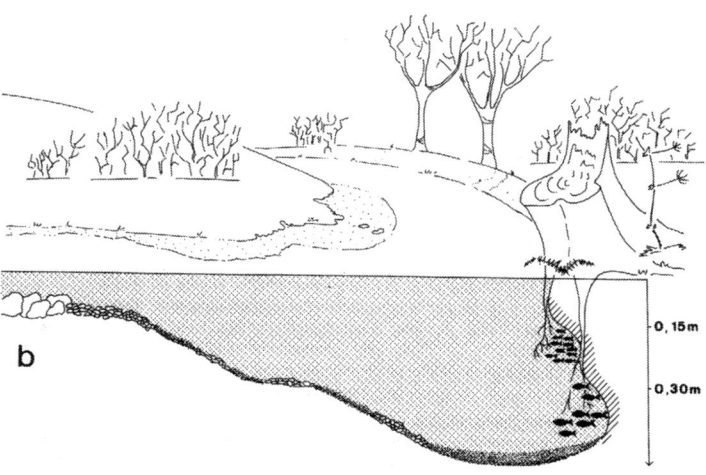

Bild 1: *Ein vielfältiges Gewässer bietet alle notwendigen Strukturen für standorttypische Fische, hier die Elritze (a) Sommer, b) Winter, nach Bless 1992).*

Dieser ganzheitliche Ansatz zur Gewässerqualität ist Schritt für Schritt in die Wassergesetzgebung eingeflossen. Ganz klar fordert der Rechtsrahmen, daß für Mensch, Tier und Pflanze gute Lebensräume sicherzustellen sind.

Für die Fließgewässer bedeutet dies, den geeigneten Lebensraum für gute Fischbestände und für eine natürlicherweise vorkommende Flora und Fauna zu erhalten bzw. wieder herzustellen. Solche Bedingungen sind vor allem durch Vielfalt gekennzeichnet: durch Mäander, standorttypische Pflanzen an den Ufern, Kiesbänke, Baumwurzeln und Totholz, den regelhaften Wechsel zwischen grobem und feinem Untergrund, zwischen tiefen und flachen Gewässerstrecken usw., wie es in natürlichen Fließgewässern anzutreffen ist (Bild 1, 2).

Veränderungen können natürlich nur schrittweise stattfinden und hängen nicht nur ab von der Lern-, sondern auch von der Handlungsbereitschaft der Beteiligten: über politische

Bild 2: *Struktur der Gewässersohle, Qualität des Porenraums und des Uferstreifens sind wichtig. Die Lebensphasen der Gewässerorganismen finden in verschiedenen Teilräumen statt. Fehlt nur einer davon, wird die entsprechende Art nicht dauerhaft lebensfähige Bestände aufbauen können.*

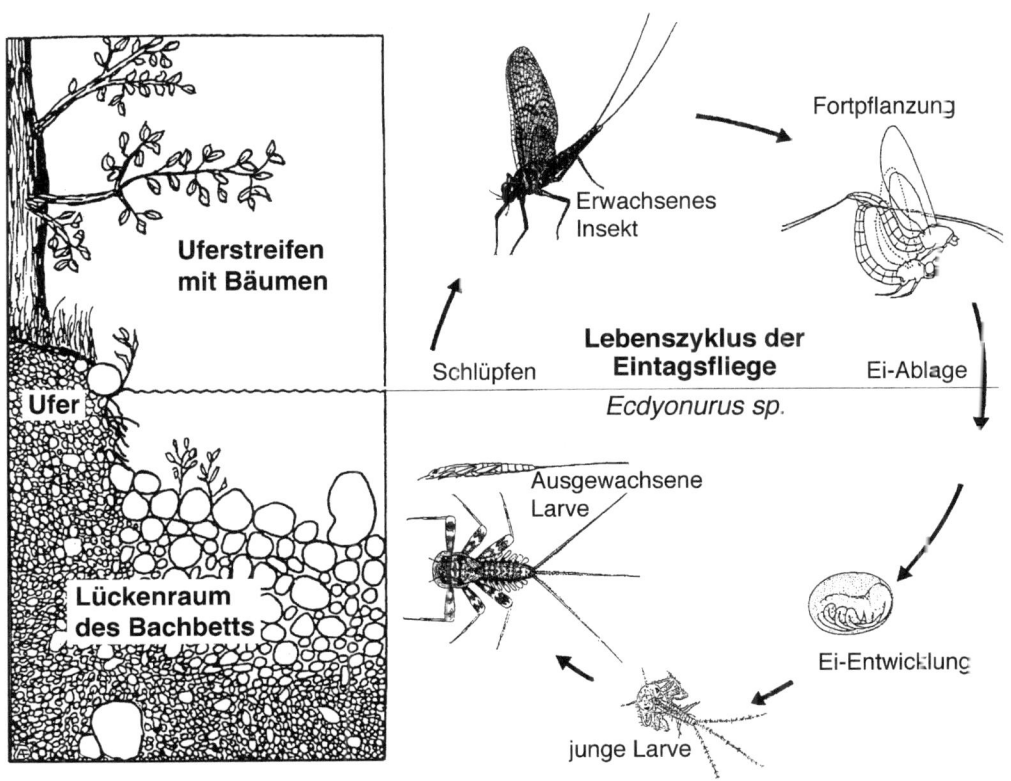

13

Gremien, technische Mitarbeiter von Firmen und Verwaltungen bis hin zu jedem Einzelnen in der Gewässerunterhaltung Beschäftigten und zu den Grundbesitzern. Dies hat in vielen Fällen bereits zu dem notwendigen, neuen Bewußtsein im Umgang mit unseren Gewässern geführt, jedoch stehen flächendeckende Veränderungen weitestgehend noch aus.

In diesem Buch ist eine Anzahl Beispiele zusammengestellt, die den Umgang von dänischen Bezirken und Kommunen mit ihren Aufgaben verdeutlichen. Keine Anweisungen wurden gegeben, jedoch wurden von Anfang an fachliche Grundprinzipien vermittelt. Kreativität wurde großgeschrieben und bildete eine gute Grundlage für eine reiche Vielfalt von Gewässerunterhaltungs- und -revitalisierungspraktiken.

Vier Grundbegriffe

Dieses Buch legt seinen Schwerpunkt auf gute Lebensraumver-
hältnisse in unseren Fließgewässern. Daher soll hier zunächst
beschrieben werden, welche Dienststellen und Personen an
den Gewässern regelmäßig arbeiten und was unter guten
Lebensraumverhältnissen und schonender Gewässerunterhaltung verstanden wird.

Die Wasserbehörden

Das in Deutschland geltende Wasserrecht wird als Rahmen
vom Bund, bzw. der EU, und in seiner Detailausführung
von den Bundesländern gestaltet. Aufgabe der Wasserbehörden ist es, die Forderungen des Wasserrechts umzusetzen.
Dazu gehört beispielsweise die Überwachung der Gewässerverschmutzung. Hierbei bedient man sich sogenannter Indikatoren, das sind Fließgewässerorganismen, deren Vorkommen die Wasserqualität charakterisiert. Auch die Fische geben
hierzu wertvolle Hinweise.

Bezogen auf die Verbesserung der Wasserqualität durch Abwasserreinigung waren die Wasserbehörden der Länder, Bezirke,
Kreise und kreisfreien Städte in den vergangenen 3 Jahrzehnten engagiert und recht erfolgreich. Die Situation der Meere
zeigt aber, daß weiteres verursacherbezogenes Handeln dringend notwendig ist. Dies wird sich, wie an unseren Fließgewässern sehr deutlich erkennbar ist, verstärkt auf gewässer-
schonendere Landnutzung und Gewässerunterhaltung beziehen müssen. Erste Schritte wurden insbesondere in süd- und
ostdeutschen Bundesländern sowohl durch eine klarere Geset-
zesformulierung wie durch lebensraumbezogene Fortbildun-
gen der Akteure begonnen.

Auf diesem Weg sind die dänischen Wasserbehörden bereits
seit ihrer Gesetzesänderung im Jahr 1982 ein gutes Stück
voran gekommen. Die meisten Beispiele dieses Buches sind
deshalb den Berichten der dänischen Wasserbehörden entnommen, die jährlich über den Zustand ihrer Gewässer berichten.
Ihr jüngster Erfahrungsaustausch im Herbst 1999 hat bestätigt,
daß der eingeschlagene Weg zum Ziel führt.

Der Praktiker in der Gewässerunterhaltung

Der Gewässerunterhalter, dänisch „Åmand" genannt, ist eine sehr bedeutende Person im Hinblick auf die Arbeiten, die dieses Buch beschreibt. Der Gewässerunterhalter ist die Person, die in der Praxis die Strukturbedingungen des Lebensraums Gewässer prägt. Eine mögliche Übersetzung des dänischen „Åmand" und des englischen „riverkeeper" als „Bach-Mann" (oder -mensch) bzw. „Fluß-Bewahrer" lassen besser als das deutsche „Gewässerunterhalter" erkennen, daß ein enger Bezug dieses Menschen zum Fließgewässer als Lebensraum besteht.

Die Wassergesetze geben dem Gewässerunterhalter neue Möglichkeiten, seine Aufgaben durchzuführen. Früher lag das Schwergewicht der Aufgabe im ungehinderten Abfluß des Wassers und die Ufer wurden dementsprechend blank gemäht. Dies stammt aus einer Zeit, als die Landwirtschaft zunehmend tiefliegende, gewässerbenachbarte Flächen zur Produktion erschloß. Inzwischen hat der Gewässerunterhalter weitere Ziele und Aufgaben erhalten.

Der Wasserabfluß ist auch weiter sicherzustellen, aber dabei dürfen die Lebensbedingungen im Gewässer nicht beeinträchtigt werden. Insofern muß der Gewässerunterhalter die Bäche und Flüsse sowohl entsprechend ihrer natürlichen Bedingungen wie auch in Übereinstimmung mit Umweltplanungen unterhalten, z.B. Qualitätszielen, die für die unterschiedlichen Gewässertypen bestehen.

In den vergangenen Jahren mußten sich viele Menschen an immer neue Arbeitsweisen anpassen. Die Gewässerunterhaltung hat mit ihrer Doppelaufgabe, gleichrangig den Erhalt der Lebensräume zu sichern und dabei Schäden durch zu viel Wasser zu verhindern, eine besondere Verantwortung und fordert besondere Aufgeschlossenheit und Aufmerksamkeit für ein anderes Arbeiten als bisher.

Früher bestand (allerdings nur scheinbar) der Anspruch, ein Gewässer so „ordentlich" wie einen Golfplatz herzurichten. In der Praxis wurde dies dann leider auch so gehandhabt. Heute ist ein gut unterhaltenes Fließgewässer eher „unordentlich" im Aussehen. Viele Landeswassergesetze formulieren die Aufgabe inzwischen klar und zielorientiert, sinngemäß

„Aufgabe der Gewässerunterhaltung ist es, das natürliche Erscheinungsbild und die ökologischen Funktionen der Gewässer und des Uferbereichs einschließlich der Bedeutung für die Vernetzung von Lebensräumen sowie einen ordnungsgemäßen Zustand für den Wasserabfluß zu erhalten und zu entwickeln."

Der Gewässerunterhalter muß diesen Wandel nicht nur für sich selbst akzeptieren, er hat auch die schwierige Aufgabe, dies den Gewässernutzern zu erläutern, besonders Landwirten. Klar ausgedrückt entspricht die Erfüllung von Forderungen nach einem blank gemähten Bach einem eindeutigen Verstoß gegen geltendes Recht. Dieser Bereich seines Aufgabengebietes ist insofern bedeutend, als der Gewässerunterhalter die Person ist, den die Mehrzahl der Nutzer vor Ort sieht und von dem sie sachgerechte Antworten auf eine Vielzahl von Fragen erwartet.

Gute Lebensraumverhältnisse

In diesem Buch wird wiederholt über „gute Bedingungen" und „einen guten Gewässerzustand" geschrieben. Was ist damit gemeint?

Beides bezieht sich auf die Form der Fließgewässer, die Gewässerstruktur. Es ist ihr Verlauf durch die Landschaft, ob gewunden oder geradlinig. Es ist auch die Form des Gewässerquerschnitts, mit den Steinen, den erlen- und staudenbewachsenen Ufern, mit Baumwurzeln, Kies und was sonst noch zu SEHEN ist in Bach und Fluß.

Die physischen Bedingungen können eintönig sein wie z.B. in einem kanalisierten Gewässer mit einheitlichem Pflanzenbewuchs und mit schwacher Strömung über einem Sandbett (Bild 3). Die Bedingungen können aber auch stark variieren, z.B. in einem windungsreichen Gewässer mit unterschiedlichen Tiefen und Strömungen, in dem sich verschiedene Bettformen wie Rauschen, Kolke und abwechslungsreiche Pflanzengesellschaften finden.

In diesem Buch wird daher unter einem guten Gewässerzustand ein Wasserlauf verstanden, der eine Vielzahl von ver-

schiedenen Kleinlebensräumen für Pflanzen und Tiere bietet, der „naturnah" ausgeprägt ist (Bild 4).

Die Konzentration auf Bäche und Flüsse mit einer Breite von unter 1 bis 10 m erklärt sich daraus, daß diese Fließgewässer die große Masse unserer Gewässerstrecken charakterisieren und in der bisherigen Gewässerschutz-Praxis unterrepräsentiert sind. Wenn sehr oft von Forellenbächen berichtet wird, so liegt dies daran, daß diese Fischregion gerade die kleinen bis mittelgroßen Fließgewässer von Natur aus prägt. Öffentlichkeitswirksame Programme wie LACHS 2000 werden keine dauerhaften Lachsbestände und zugehörige Lebensgemeinschaften hervorrufen, wenn nicht konsequent die früher großflächig vorhandenen Geröll- und Kiesflächen in den Bächen wieder hergestellt werden.

Das Mißverständnis, im Norddeutschen Tiefland könnten doch so viele Forellengewässer nicht sein, löst sich auf, wenn man z.B. die Karte des Niedersächsischen Fließgewässerprogramms betrachtet, deren überwiegende Fläche von Landschaftsräumen wie Hügelland und Geest geprägt ist. Auch die Landfläche von Schleswig-Holstein ist zu 87 % durch diese

Bild 3: Wir müssen wieder SEHEN lernen. Dieser Kanal spricht zu uns: „Ich bin ein kleiner Bach und möchte mich wieder schmal durch die Landschaft schlängeln, statt ständig breiter gebaggert zu werden."

Räume geprägt. Mit den hier vorherrschenden Höhenlagen von 20 - 40 - 60 m über NN und Kuppen bis zu oder über 100 m bestehen aber dieselben Verhältnisse, wie sie - eiszeitlich gleichartig entstanden - im dänischen „Seenhochland" existieren. Nicht nur die von dieser Wasserscheide zur Ostsee abfließenden, vergleichsweise kurzen Bäche, sondern auch die nach Westen mit weit geringerem Gefälle verlaufenden Fließgewässer gehören zu ihrem überwiegenden Streckenanteil zur Forellen- und Äschenregion. Im Gegensatz zu Deutschland ist dieses Wissen in der dänischen Wasserwirtschaft aber in den vergangenen Jahrzehnten die Grundlage für Zielsetzungen und Handlungen gewesen.

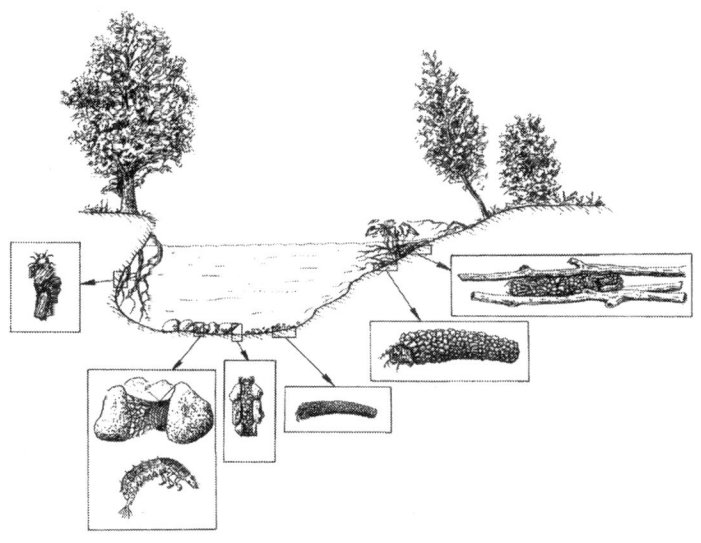

Bild 4: Querschnitt durch einen Bach mit guter Gewässerstruktur. Bereits eine Tiergruppe belegt, hier die Larven von standorttypischen Köcherfliegen, daß Strukturvielfalt auch Lebensraumvielfalt bedeutet (nach Fey 1996).

Schonende Gewässerunterhaltung

Schonende Gewässerunterhaltung ist der Schwerpunkt dieses Buches. Was ist darunter zu verstehen?

Fließgewässer werden unterhalten, damit das Wasser frei abfließen kann. Dies geschieht unter anderem durch Räumung, meist Baggern von Sand und Schlamm und das Mähen der Pflanzen. Bisher galt hierfür ein sehr einfaches Prinzip. Bis zu einem bestimmten Zeitpunkt mußten alle Pflanzen weggeschnitten sein und wenn eine Räumung des Gewässergrundes

19

anstand, war es nur natürlich, daß Gerölle und Steine ebenfalls ausgebaggert wurden. Die Gewässer waren „sauber", blankgeputzt, durch „Ordnung" charakterisiert. Hierdurch wurden die physischen Bedingungen regelmäßig vereinheitlicht, die guten Lebensräume für Pflanzen und Tiere vernichtet mit der Folge einheitlicher, arten- und produktionsarmer Lebensgemeinschaften.

Da aber eine reichhaltige Pflanzen- und Tierwelt das Ziel des Umgangs mit unseren Gewässern ist, müssen die Gewässer also in anderer, schonenderer Weise unterhalten werden. Klare Aufgabe ist hier, die variierenden Bedingungen nicht zu stören.

Eine wesentliche zeitliche Beschränkung für Arbeiten im Gewässer sind logischerweise die Laichzeiten der Fische bzw. ihre in den Fischereigesetzen der Bundesländer festgelegten Schonzeiten. So sind Bachläufe mit Kieslaichern zwischen Mitte Oktober (Beginn Forellenschonzeit) und etwa Ende April (Ende Äschenschonzeit) besonders empfindlich gegen Störungen. Bezieht man die gefährdeten und zu fördernden Kleinfischarten und Neunaugen ein, erstreckt sich diese Phase bis Ende Juni.

Vor jeder Aktivität im Gewässer ist kritisch zu prüfen, welche Arbeit überhaupt notwendig ist. Dies kommt nicht zuletzt dem Geldbeutel zugute. Es muß und darf nicht jede Pflanze, jedes Stück Totholz (Bild 5) entnommen werden, Kies und Steinmaterial des Gewässergrundes dürfen nicht gebaggert oder ander-

Bild 5: *Wurzeln und Totholz sind wichtige Lebensraumbestandteile unserer Gewässer. Hier eine Köcherfliege an einer im Wasser flutenden Erlenwurzel.*

weitig entnommen werden. Stattdessen müssen insbesondere die Strukturen geschont werden, die sich das Gewässer selbst wieder herstellt. In vielen Fällen muß allerdings vorher aufgrund der jahrelangen Zerstörungen eine „Grundinstandsetzung" erfolgen. Die Arbeiten müssen darauf ausgerichtet werden, MIT dem Gewässer und nicht GEGEN die in ihm wirkenden natürlicher Kräfte abzulaufen.

So bedeutet in diesem Buch der Begriff schonende Gewässerunterhaltung eine Behandlung, die mit dem Gewässer und nicht gegen seine Dynamik arbeitet und die gute physikalische Rahmenbedingungen für eine reichhaltige Pflanzen- und Tierwelt unter den standorttypischen Bedingungen sicherstellt. Sehr oft kann ein guter Anfang bereits gefunden sein, indem routinehafte, maschinelle Unterhaltung über ganze Bachstrekken auf punktuelle Handarbeit umgestellt wird. Für die Kosten der Maschinenunterhaltung sind Handarbeiter, die noch dazu fortbildungsinteressiert sind, überall zu finden.

1. Fließgewässer

Die bisherige Nutzung unserer Bäche und Flüsse hat diese früher reich besiedelten Lebensräume vielerorts in verödete, unbewohnbare „Linien in der Landschaft" verwandelt. Fische wurden daran gehindert, aufwärts zu ihren Laichplätzen zu wandern und früher gewundene Gewässer verwandelten sich zu eintönigen Kanälen, die unnötig hart unterhalten wurden.

Fachliche Erkenntnisse und geänderte Wassergesetze haben uns jedoch die Möglichkeit geegeben, den Schaden wiedergutzumachen. Häufig genügt bereits die Veränderung der Unterhaltungspraktiken, speziell beim Mähen und Räumen von Pflanzen, so daß die Gewässerdynamik wieder wirksam werden kann.

Die Zielsetzungen im Umgang mit unseren Gewässern sind klar. Seit der zweiten Hälfte der 70er Jahre sind die deutschen Wassergesetze, und inzwischen das Europäische Wasserrecht, immer deutlicher auf die notwendige Verbesserung des Lebensraumes Gewässer eingegangen. So baut alles auf den, im Folgenden redaktionell leicht veränderten Aussagen des § 1a WHG (Wasserhaushaltsgesetz des Bundes, Stand 30.04.1998) auf:

1. Die Gewässer sind als Bestandteil des Naturhaushaltes und als Lebensraum für Tiere und Pflanzen zu sichern. Sie sind so zu bewirtschaften, daß sie dem Wohl der Allgemeinheit und im Einklang mit ihm auch dem Nutzen Einzelner dienen und vermeidbare Beeinträchtigungen ihrer ökologischen Funktionen unterbleiben.

2. Jedermann ist verpflichtet, bei Maßnahmen, mit denen Einwirkungen auf ein Gewässer verbunden sein können, die nach den Umständen erforderliche Sorgfalt anzuwenden,
   • um eine Verunreinigung des Wassers oder eine sonstige nachteilige Veränderung seiner Eigenschaften

(physikalische, chemische oder biologische Beschaffenheit des Wassers, gem. § 22 WHG) zu verhüten,

- um eine mit Rücksicht auf den Wasserhaushalt gebotene sparsame Verwendung des Wassers zu erzielen,
- um die Leistungsfähigkeit des Wasserhaushaltes zu erhalten und
- um eine Vergrößerung und Beschleunigung des Wasserabflusses zu vermeiden.

Grundlage für das Handeln ist das Wissen über Gesetzmäßigkeiten der Natur, die in unseren Wasserläufen wirken - sowohl in denen, die wir verändert haben, wie in den verbliebenen natürlichen Strecken.

Im Folgenden werden einige Grundlagen illustriert, die nützlich sind, wenn gute Lebensbedingungen in den Wasserläufen wieder hergestellt werden sollen.

Nutzung der Fließgewässer

Wassergesetzliche Regelungen sind nichts Neues. In allen Zeiten wurde Wert darauf gelegt, Gewässernutzungen so zu regeln, daß der Nutzen des Einzelnen nur soweit möglich sein soll, wie Interessen des Gemeinwohls nicht beschädigt werden. Bis in die 70er Jahre lag ein Schwerpunkt auf der Entwässerung feuchter Landstriche. Nachdem die Zerstörung der Gewässerlebensräume immer deutlicher sichtbar wurde und inzwischen nicht mehr alle Flächen für die Lebensmittelerzeugung zwingend erforderlich sind, tritt immer stärker die Forderung auf, Arbeiten an den Gewässern zu minimieren bzw. sie ökologisch verträglich durchzuführen.

Über die Jahrhunderte hat der Mensch seine Zeichen an und in den Gewässern hinterlassen. Dies können interessante Kulturdenkmale sein, wie z.B. Reste von Mühlen und alte Bewässerungsprojekte (Rieselwiesen). Während der Erhalt solcher Zeugen der Vergangenheit eine große Bedeutung haben kann, ist gleichzeitig klar, daß hier andererseits Hindernisse für Fischwanderungen zu ihren Laichplätzen bestehen können, die es zu vermindern gilt.

Die größten Veränderungen unserer Gewässer haben aber unzweifelhaft im 20. Jahrhundert stattgefunden. Die Bäche und Flüsse wurden tief und breit in die Landschaft geschnitten, um Felder zu dränieren und wurden seitdem in einer ausgesprochen harten Weise unterhalten. Begradigung läßt das Wasser schneller abfließen, da ein höheres Gefälle durch die Laufverkürzung entsteht. Gleichzeitig entstehen eintönige Kanäle mit keinen - oder wenn überhaupt wenigen - Lebensstätten für Fische. Die Gewässerverschmutzung durch Industrie, Dörfer und Städte, Landwirtschaft und Teichwirtschaften kam hinzu, so daß kaum erstaunlich ist, daß viele Bäche und Flüsse erbärmliche Lebensräume für die eigentlich dort in reicher Artenzahl und Dichte lebenden Pflanzen und Tiere wurden. Die einst reiche Natur unserer Gewässer verarmte.

Bild 1.1: Ein Bach mit sauberem Wasser und kleinräumig variabler Struktur bietet gute Lebensmöglichkeiten für eine Vielzahl von Arten. Diese verschwinden, wenn der Bach eintönig wird.

Der natürliche Gewässerlauf

Die Kraft des fließenden Wassers formt den Gewässerlauf entsprechend seiner jeweiligen Umgebung. Die Strömung erodiert Material vom Grund und von den Seiten und transportiert es weiter bis zu einer Stelle, an der es wieder abgelagert wird. Das Fließgewässer bestimmt seine Breite, die Tiefe und den Weg selbst.

Bild 1.2: *Ein sich schlängelnder Bach. Allerdings fehlt sein natürlicher Uferbewuchs völlig und er bewegt sich in einem extrem erosionsgefährdeten Umfeld.*

Ungestört fließende Gewässer bilden normalerweise einen sehr variablen, schlängelnden Lauf (Bild 1.2). Solche Gewässer, sagt man, mäandrieren. In der Außenkurve, Prallhang genannt, wird Material abgetragen, beim Abschneiden von Windungen entstehen als neue, stehende Gewässer Altarme, die im Englischen bezeichnenderweise „horseshoe“ = Hufeisen heißen. Der Mäander ist aber nur eine mögliche Gewässerform (vgl. Bild 1.3).

Mäander

Je nach Boden und Landschaftstyp können sich Gewässerläufe stark unterscheiden. Jedoch gibt es viele Gemeinsamkeiten, so daß eher die Vergleichbarkeit als der Unterschied die Aufmerksamkeit weckt. Das Bett des mäandrierenden Gewässers variiert in Breite und Länge zwischen Sand, Geröll

und Kies und Schlamm. Das fließende Wasser bewegt sich
schlängelnd in einem „Stromstrich". Es gibt Erosionsberei-
che, in denen Material abgetragen und Sedimentationsstellen,
in denen es zeitweise abgelagert wird (Bild 1.4). Jedoch
geschieht dies alles nicht zufällig, sondern folgt Regelmäßig-
keiten, die sich in jedem Gewässer nachweisen lassen. Diese
Naturgesetze sind in ihrer Komplexität aber nicht immer leicht
zu verstehen und für jedes Gewässer kommt nur in der langen
Naturbeobachtung, nicht in der Berechnung am Schreibtisch,
eine grundlegende Kenntnis dieser Abläufe zustande. Wenn
in Bächen und Flüssen gearbeitet wird, ist es also gut, diese
grundlegenden Zusammenhänge kennenzulernen.

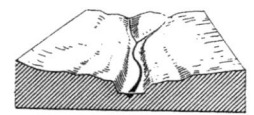

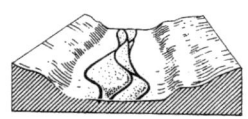

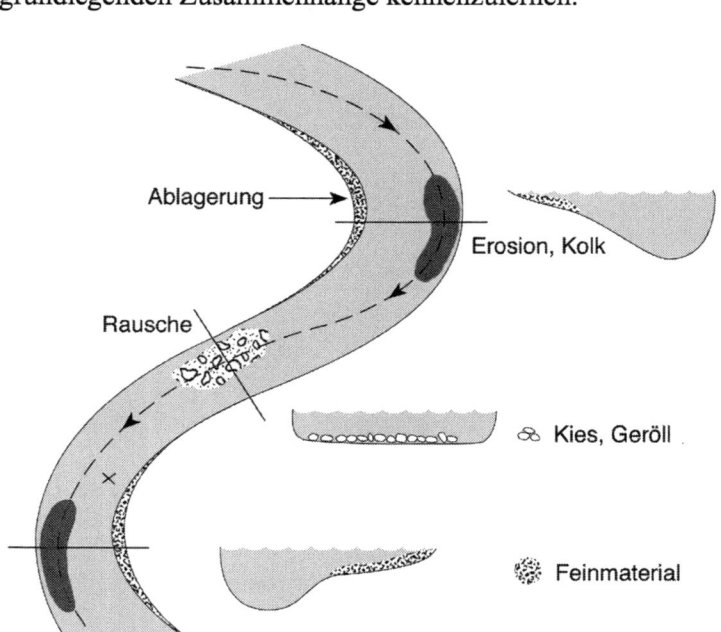

Bild 1.3: *Natürliche Fließgewässer können einem gestreckten, schlängelnden, mäandrierenden oder verzweigten Weg folgen.*

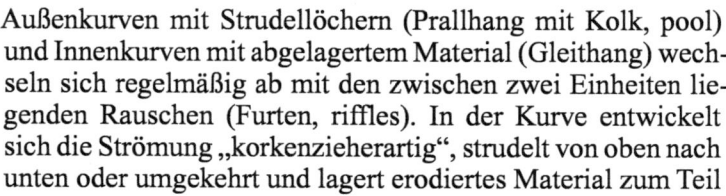

Bild 1.4: *Strömung, Bett und Tiefenverhältnisse folgen einem regelmäßigen Muster im Mäander.*

Außenkurven mit Strudellöchern (Prallhang mit Kolk, pool)
und Innenkurven mit abgelagertem Material (Gleithang) wechseln sich regelmäßig ab mit den zwischen zwei Einheiten liegenden Rauschen (Furten, riffles). In der Kurve entwickelt
sich die Strömung „korkenzieherartig", strudelt von oben nach
unten oder umgekehrt und lagert erodiertes Material zum Teil

innen wieder ab (Bild 1.5). Hierdurch bildet sich außen oft ein Uferüberhang.

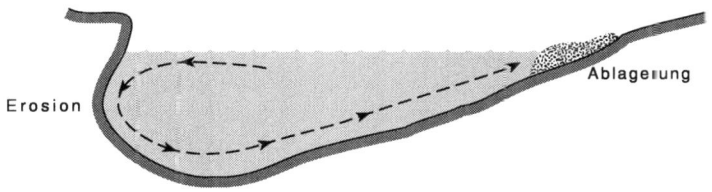

Bild 1.5: *In der Mäanderkurve verläuft die Strömung drehend, „korkenzieherartig".*

Die bedeutende Veränderung von Strömung, Gewässergrund und Tiefe in jedem Mäander schafft eine außerordentlich große Vielfalt von Kleinlebensräumen und bietet so die Grundlage für das reiche Leben in unseren Bächen.

Wiederkehr des Mäanders, Wellenlänge

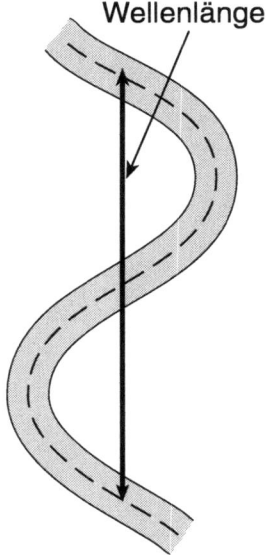

Bild 1.6: *Die Wellenlänge des Mäanders entspricht etwa dem 10-14fachen seiner Breite.*

Es gibt unterschiedliche Ansätze, warum man einem begradigten Gewässer seine gewundene Form wiedergeben möchte. Sei es, daß viele Menschen einen gewundenen Gewässerlauf attraktiver finden als einen gestreckten und hierdurch bessere Lebensbedingungen für Pflanzen und Tiere entstehen. Ein weiterer guter Grund der Wiederherstellung natürlicher Windungen ist auch, daß die Wasserableitung schonender für Ufer, Gewässergrund und Landschaft erfolgt. In begradigten und hart unterhaltenen Gewässern können enorme Bodenmassen erodiert und transportiert werden. Dieses Material wird dann flußab transportiert, oft als bewegter Sand mit Rippelmarken, der als Lebensraum völlig ungeeignet ist und die Laichplätze aller Kieslaicher regelmäßig zerstört. Im Hochwasser entsteht ein „Sandstrahlgebläse", das alle existierenden Besiedlungsplätze geradezu freistrahlt und öde Gewässer hinterläßt. Wie in den folgenden Abschnitten erläutert wird, ist mit der Wiederherstellung gewundener Gewässerläufe ein erster Schritt getan, um Verbesserungen zu erzielen.

Messungen an windungsreichen Gewässern zeigen immer wieder, daß regelmäßige Grundprinzipien zu wirken scheinen. Je breiter das Gewässer ist, desto länger ist der Mäander. Die „Wellenlänge" eines vollständigen Mäanders entspricht in Tieflandgewässern der ca. 10-14fachen Breite des Gewässers (Bild 1.6).

Die hier wirksame Breite ist diejenige des „bordvollen Abflusses", das bis zur Uferkante bei hohem Abfluß gefüllte Gewässer bestimmt seine Grobstruktur mit Weg, Tiefe und Breite in der Landschaft. Gleichwohl prägen niedrigere Abflüsse ebenfalls die Gewässerstruktur maßgeblich mit der Fülle der kleinräumigen Strukturvielfalt.

Wenn ein begradigtes Gewässer remäandriert werden soll, ist es wichtig, diese Zusammenhänge zu berücksichtigen. Dies gilt sowohl für den Versuch, einen Fließweg, den sog. „Stromstrich", durch Massenvorkommen von Wasserpflanzen zu schneiden, als auch für die Neuanlage eines gewundenen Gewässers in der Landschaft. Angesichts unserer heute zu tief und meist auch zu breit ausgebauten Gewässer ist es notwendig, sich durch Naturbeobachtung vor Ort ein Bild vom „bordvollen Abfluß" zu bilden. Das bloße Messen der vorhandenen (überdimensionierten) Breite kann sonst leicht zu überlangen Mäanderwellenlängen führen.

Rauschen und Kolke

Im windungsreichen Gewässer treten die flachen Furten (Rauschen, riffles) und die tiefen Strudellöcher (Kolke, pools) in regelmäßiger Folge auf. Der Abstand zwischen diesen Strukturen folgt demselben Prinzip wie beim Mäander. Da im Mäander je zwei Furten und zwei Kolke auftreten, beträgt die Entfernung zwischen zwei benachbarten Furten also die halbe Mäanderwellenlänge, d.h. 5-7mal die Breite des Gewässers. Auch in begradigten Gewässern können riffles und pools auftreten (s. Bild 1.19, hinten).

Die Lebensbedingungen für Gewässerorganismen unterscheiden sich zwischen riffle und pool erheblich. Riffles haben einen steinig-kiesigen Grund und hier herrscht normalerweise eine stärkere und turbulentere Strömung als an anderen Stellen des Gewässers. Sie werden vor allem durch besonders sauerstoffbedürftige und strömungsliebende Arten besiedelt. In den Kolken ist das Bett meist feinkörniger, in der Innenkurve möglicherweise bis schlammig. Hier leben dann entsprechend Organismen, die geringere Sauerstoffgehalte im Gewässergrund ertragen können. In den Kolken finden sich durch Uferüberhang und baumwurzelgestaltete Großstruktu-

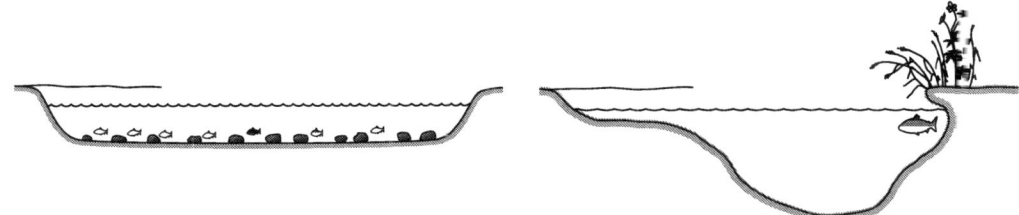

Bild 1.7: *Kleine Forellen bewohnen die Rauschen, große die Kolke und überhängenden Uferverstecke.*

ren auch die besten Standplätze für große Fische, im Bach Bachforellen, abwärts folgen beispielsweise Hechte, während die Rauschen, soweit Steine Strömungsschutz bieten, die Kinderstube z.B. der Forellen sind (Bild 1.7).

Für die Strömung ist es nicht einfach, einen Stein aus dem Rauschenverband zu bewegen. Die Steine stabilisieren einander und schwächen die Strömung ab. Wenn ein Stein abtransportiert wird, kann er durch den Kolk bis in die nächste Rausche gelangen. Rauschen und Kolke werden so von denselben hohen Abflüssen geformt wie die Mäander (Bild 1.8).

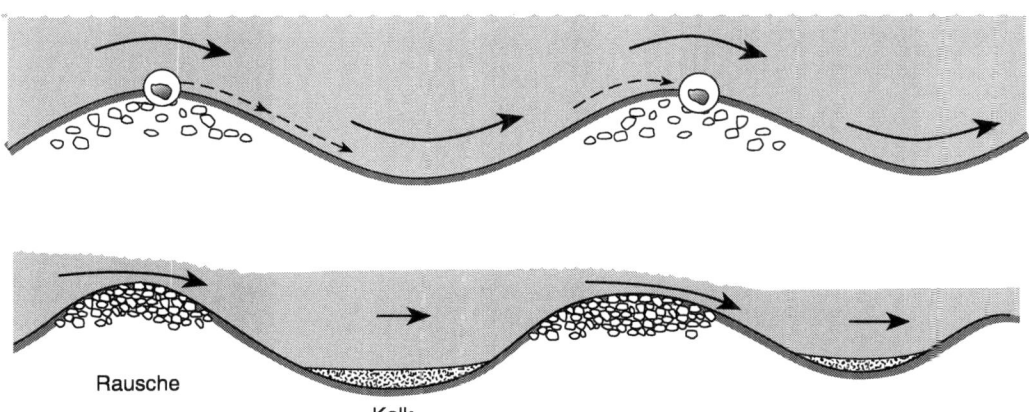

Rausche

Kolk

Bild 1.8: *Bei hohen Abflußmengen kann die Strömung durchaus Steine von einer Rausche zur nächsten transportieren. Die Wahrscheinlichkeit hierfür hängt von der Lagerungsdichte ab.*

Natürlich sind unsere Gewässer nicht als dauerhaftes, starres Schema ausgeprägt. Sie sind lebendig und wechseln ihre kleinräumige Struktur fortwährend. Anstelle aneinander anschließender Kolk-Rausche-Abfolgen können vielfach auch Flachwasserbereiche und Rinnensysteme auftreten und sich verändern. Bild 1.9, das aus den Niederlanden stammt, gibt hierfür ein gutes Beispiel.

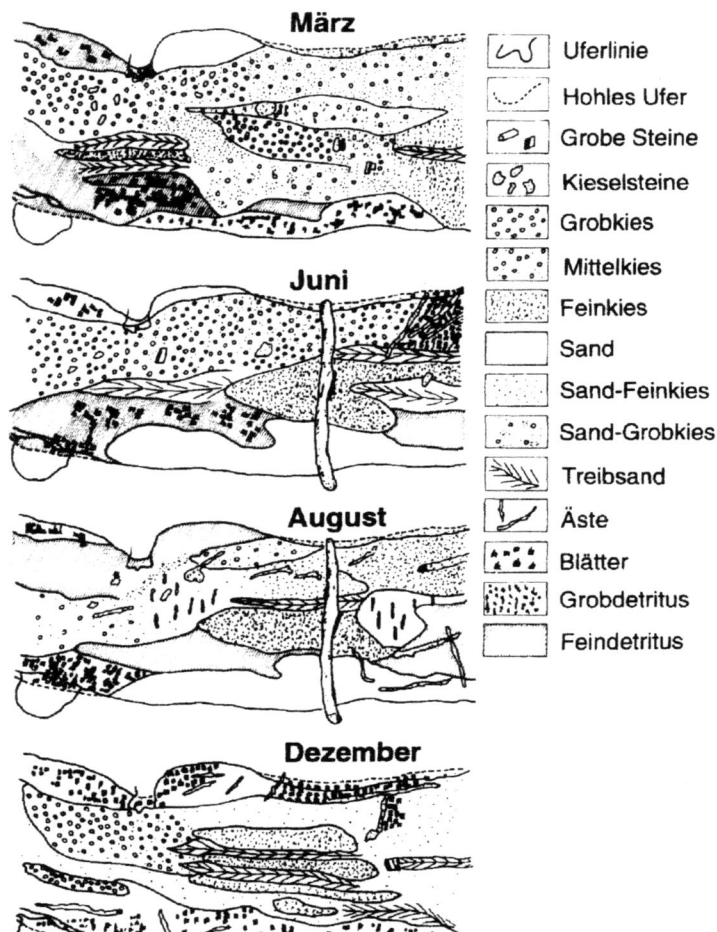

∿	Uferlinie
	Hohles Ufer
	Grobe Steine
	Kieselsteine
	Grobkies
	Mittelkies
	Feinkies
	Sand
	Sand-Feinkies
	Sand-Grobkies
	Treibsand
	Äste
	Blätter
	Grobdetritus
	Feindetritus

Bild 1.9: Zeitliche Veränderungen der Bachbettstruktur (nach Tolkamp 1980).

Fließgewässer spiegeln die Landschaft

Der natürliche Wasserlauf folgt seinen eigenen Grundgesetzen. Bestimmend für Längs- und Querprofil wirken das Geländegefälle, der Bodentyp und die Charakteristik des Abflußgeschehens. Im Verlauf von der Quelle Richtung Mündung nehmen die Gewässer mit der zunehmenden Wassermenge an Breite und Tiefe zu (Bild 1.10). Die kleinen, quellnahen Bäche sind im Vergleich zu ihrer Breite relativ tief. Grundlegende Bedeutung haben natürlich die gewässerbegleitenden Bäume, die

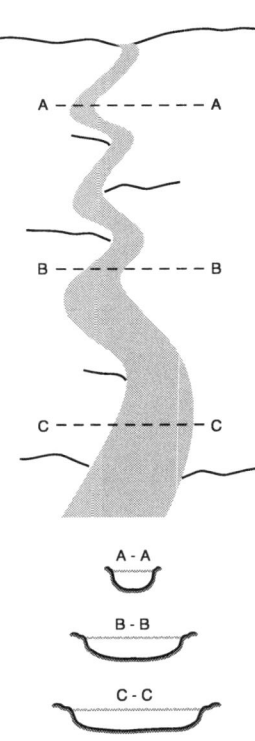

Bild 1.10: *Das Profil eines Fließgewässers verändert sich von der Quelle bis zur Mündung.*

mit ihren Wurzeln die Bodenerosion minimieren. Wenn man sich vorstellt, daß ein großer Baum mit seinen Wurzeln mehr als 50 t Boden festlegen bzw. festhalten kann, wird klar, daß dieser Effekt bei Gewässerbetrachtungen nicht vernachlässigt werden darf.

Der veränderte Wasserlauf

Werden die Windungen und Kurven eines Gewässers weggebaggert, gehen die guten Lebensverhältnisse der standorttypischen Pflanzen und Tiere verloren. Die große Vielfalt an Strukturbedingungen, die den gewundenen Bach kennzeichnen, werden durch eintönige Verhältnisse ersetzt. Die charakteristischen Wirbellosen und die auf Vielfalt angewiesenen Fische sind nicht mehr in ihrem früher dichten Bestand und Artenreichtum anzutreffen. Wandernder Sand und fehlende Verstecke kennzeichnen solche verödeten Gewässer.

Der Unterschied an Kleinlebensräumen ist aber nur ein Kennzeichen der beiden Gewässertypen. In regulierten Gewässern arbeitet die Strömung anders als im natürlichen, gewundenen Wasserlauf. Die Begradigung führt zu höherem Gefälle (Bild 1.11), so daß bei gleicher Breite auf jedem Fließmeter höhere Kräfte wirken als im natürlichen Gewässer. Hierdurch können regulierte Gewässer ohne schützenden Erlensaum am Ufer breiter und tiefer erodiert werden (Bild 1.12). Unter anderem aus diesen Prozessen ergeben sich die großen transportierten Sandmassen, die wir heute in unseren Gewässern sehen. Was flußauf erodiert wird, lagert sich abwärts ab und muß aufwendig gebaggert und entsorgt werden.

Bild 1.11: *Wenn ein mäandrierender Bachlauf begradigt wird, erhöht sich sein Gefälle.*

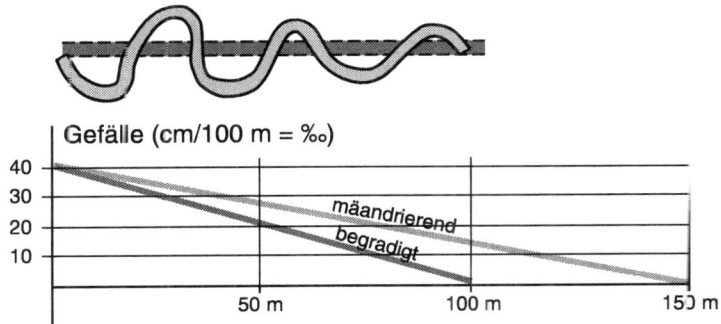

31

Gewässerlebensräume haben eine vielfältige Struktur

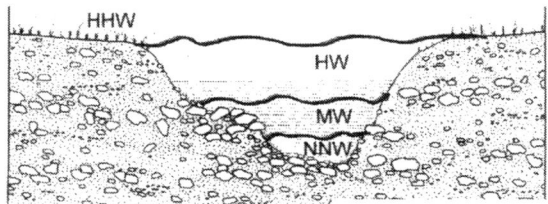

(Querschnitt in Anlehnung an Altmüller & Dettmer 1996, Abflußdarstellung aus Tent 1997)

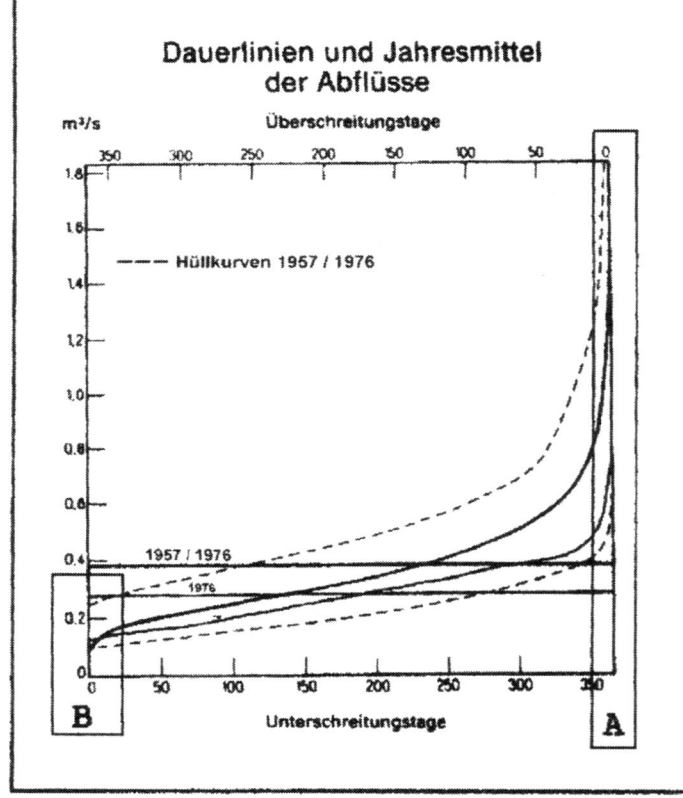

Nur strukturierte Gewässer bieten den charakteristischen Lebensgemeinschaften die Möglichkeit, standorttypische Artenzahlen und Produktion zu erreichen. Die über das Jahr als Summenkurve dargestellten Abflußdaten zeigen, daß kritisches Hochwasser nur an wenigen Tagen auftritt (A: HW - HHW), während die Lebensgemeinschaften vielfältige Strukturen vor allem in der Extremsituation Niedrigwasser sowie während der längsten Zeit im Jahr benötigen (B: NNW ca. 80 l/s, MW bei 250-400 l/s). Die Strukturen des Mittel- und Niedrigwasserbetts müssen also entwickelt und besonders vor Eingriffen geschützt werden.

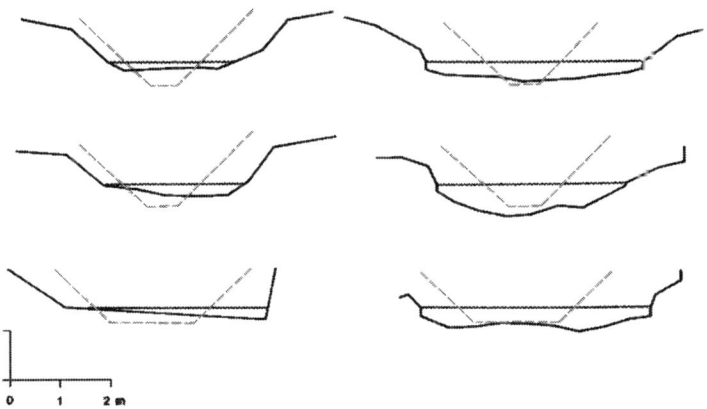

Bild 1.12: *Ausgebaute Gewässer ohne erosionsschützenden Erlensaum können durch die Strömung und andere Einflüsse verbreitert werden. Die gestrichelte Linie zeigt das Ausbauprofil.*

Die Strömung erodiert an der Gewässersohle und an den Seiten. Wenn Pflanzen oder schützende Erlenwurzeln am Ufer fehlen, kann dies ungehindert geschehen. Die Ufer werden unterspült und brechen ab (Bild 1.13). Das Gewässer wird breiter und breiter und führt eine große Menge von „wanderndem" Sand mit sich.

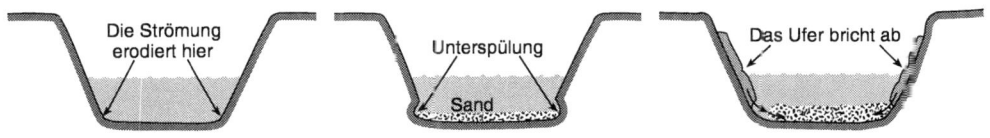

Bild 1.13: *Die Strömung kann ungeschützte und verletzte Ufer untergraben und ihren Einsturz bewirken.*

Einen zusammenfassenden Eindruck dieser Prozesse zeigt Bild 1.14. Vom ursprünglich vorhandenen Kies- und Geröllbett des Fließgewässers ist nach Ausbaggerung und fortdauernder harter Unterhaltung nichts geblieben. Ein so zerstörter Gewässerlebensraum kann sich auch durch „Eigendynamik" kaum erholen. Hier hilft in den meisten Fällen nur, dem Bach die „gestohlene" Steinfraktion zurückzugeben. Dies kann sowohl durch sogenannte Sohlgleiten in regelmäßigen Intervallen wie durch Kies- und Geröllbänke geschehen, die das Gewässer anschließend entsprechend seiner Dynamik zu Kolk-Rauschen-Strukturen formt.

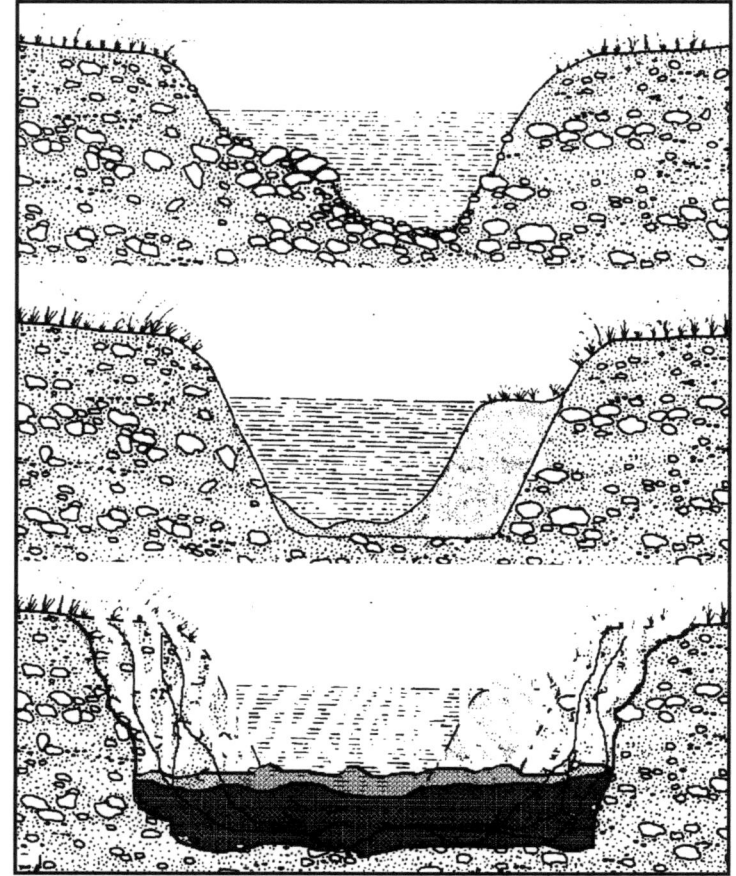

Bild 1.14: *Vom turbulent fließenden Tieflandbach mit steinigem Gewässergrund zur Sand- oder Schlamm-Einöde (vgl. Tent 2000).*

Der Weg zu guter Gewässerqualität

Verbesserungen an Fließgewässern orientieren sich am jeweiligen Gewässertyp und der geografischen Lage. Eine wesentliche Grundlage hierfür bietet z.B. die in unseren Breiten charakteristische Zonierung der Fischgesellschaften von der Quelle bis zum Meer: Die oberste, quellnahe Bachstrecke ist in der Regel noch nicht mit Fischen verschiedenen Alters besiedelt und wird „Salamander-Region" genannt. Im durch ständigen Quellzutritt gekennzeichneten „sommerkühlen" Bachlauf folgt bachabwärts auf die Forellen- die Äschenregion (Salmonidenregion).

Mit abnehmender Fließgeschwindigkeit und zunehmender Breite des Gewässers schließen sich die Cyprinidenregionen, die Barben- und die Brassenregion an. Hier kann sich das Wasser im Sommer so stark erwärmen, daß diese Regionen gern als Badegewässer genutzt werden. Im Winter dagegen kühlt es sich im Vergleich zu den oberen Strecken soweit ab, daß das Gewässer völlig zufrieren kann.

Vor der Mündung ins Meer, mit Beginn der Vermischung von Süß- und Salzwasser liegt die Brackwasser- oder Kaulbarsch/Flunderregion. Diese Zonierung ist übrigens für Gewässerfachleute auch an den großen Gruppen der Wirbellosen nachzuweisen.

Natürlich gibt es auf dem Weg zu einem Ziel unterschiedliche Schritte, z.B. auch Nebenziele. Der erste Schritt auf dem Weg zum guten Wasserlauf war in den vergangenen Jahrzehnten die Sicherstellung einer guten Wasserqualität durch Abwasserreinigung und deren Intensivierung bis zur Weitergehenden Abwasserreinigung mit Nährstoffentfernung. Ein weiterer Schritt war, landwirtschaftliche Einflüsse durch Jauche, Gülle und Leckagen aus Silolagerstätten zu verhindern. Solche Nebenziele werden in den meisten Gewässern weitgehend erreicht sein.

Andere Teilziele sind jedoch noch nicht erreicht, obwohl die Wassergesetze prinzipiell seit über 20 Jahren ihre Bearbeitung fordern. So sind insbesondere Veränderungen in der Gewässerunterhaltungspraxis und bei der Bodennutzung im gesamten Einzugsgebiet notwendig, um eine gute Gewässerqualität zu erzielen.

Wasserqualitätsziele

Umweltziele für Gewässer beziehen sich vor allem auf den natürlichen Zustand eines Gewässers. Dabei sind sowohl regionale Besonderheiten wie die realistische Betrachtung der Umsetzungsmöglichkeiten wichtig. Es wäre beispielsweise unrealistisch, einen langsam fließenden Kanal in der Marsch, dessen Umland dem Meer abgerungen wurde, in die Qualität eines turbulent fließenden Hügellandbaches bringen zu wollen. Jedoch wäre es nicht unrealistisch, einen schwer durch

Gewässerunterhaltung geschädigten Lebensraum in eine gute, naturnahe Situation zurückzuversetzen. Zweckmäßigerweise geht man natürlich so vor, daß bei jedem Handlungsschritt ein günstiges Kosten/Nutzen-Verhältnis beachtet wird.

Entsprechend der ökologischen Zonierung bestimmen sich die Ziele für die zu verbessernde Lebensraumqualität. Qualitätsziele können z.B. in bestimmten Richtlinien wie der EG-Fischrichtlinie festgelegt sein, in der sommerwarme (Cyprinidengewässer = Flußmittel- und -unterläufe) und sommerkühle Gewässer (Salmonidengewässer = quellgespeiste Gewässerbereiche) unterschieden werden.

Oft wird diese, oben näher dargestellte Zonierung mißverstanden, da im allgemeinen Sprachgebrauch für jedes Fließgewässer ein Ober-, Mittel- und Unterlauf mit Mündungsbereich (vielleicht nur in den nächsten Bach) besteht. Entscheidend ist aber die Charakteristik als Lebensraum, z.B. die Speisung mit Quellwasser und fehlende sommerliche Aufheizung wegen vorhandener Beschattung. Entlang solcher Strecken erhält sich die Charakteristik der „sommerkühlen" Salmonidenregion. So kann ein bis zu seiner Mündung ins Meer mehrere Dutzend Kilometer langer Geestbach des Tieflandes durchaus als Forellenbach ins Salzwasser eintreten.

In der Bundesrepublik Deutschland haben sich die für die Umsetzung des Wasserrechts zuständigen Bundesländer darauf geeinigt, daß die Wasserqualität mindestens der Güteklasse II = „mäßig belastet" und die Lebensraumqualität ebenfalls einer entsprechenden Strukturgüte entsprechen müssen. Während ersteres, beginnend mit den großen Wasserläufen, in den letzten 20 Jahren weit vorangetrieben werden konnte, besteht für die quellnahen Bereiche, die nicht so intensiv betrachtet wurden und in denen aus der Anforderung der Gewässerorganismen noch höhere Qualitäten zu erfüllen sind, weitgehend Nachholbedarf. Hervorzuheben ist, daß auch zeitweise sommertrockene Bachoberläufe eine reiche, sehr spezielle Wirbellosentierwelt aufweisen können und Beachtung bei Verbesserungsüberlegungen verdienen. Auch hier sind strenge Qualitätskriterien anzulegen. - Arbeiten für eine zufriedenstellende Gewässerstrukturgüte stehen generell erst am Anfang und werden wohl Schwerpunkt der nächsten 20 Jahre sein müssen. Voraussetzung für durchgängigen Erfolg ist allerdings, flächendeckend Bereitschaft zum Handeln sicherzustellen.

Länge der Fließgewässer

In den deutschen Bundesländern werden die Gewässer je nach ihrer Größe rechtlich unterschiedlich eingestuft. Die schiffbaren Gewässerstrecken werden als Gewässer 1. Ordnung bezeichnet, die kleineren Flüsse und Bäche sind Gewässer 2. Ordnung. In vielen Flächenländern werden kleine Bäche als Gewässer 3. Ordnung bezeichnet. Für die Unterhaltung der Gewässer 1. Ordnung sind meist der Bund (Bundeswasserstraße) oder das jeweilige Land zuständig, auch wichtige Strecken an Gewässern 2. Ordnung können in der Unterhaltungslast des jeweiligen Bundeslandes liegen. Die meisten Strecken an Gewässern 2. Ordnung sind - je nach landesrechtlicher Definition - den Städten und Gemeinden oder speziellen Wasser- und Bodenverbänden zugeordnet. Letzteres gilt auch für Gewässer 3. Ordnung, wobei der größte Teil von diesen in der Unterhaltungslast des Grundeigentümers liegt.

Tab. 1.1: Beispiele für „die großen" und „die kleinen" (Gewässer III. Ordnung) Gewässer, Angaben in 1.000 km

Als Beispiel für die ökologische Bedeutung dieser rechtlich definierten Gewässerstrecken seien ihre Längen beispielhaft genannt:

Bundesland	Gewässer I. und II. Ordnung	Gewässer III. Ordnung
Bayern	8	60
Niedersachsen	50	130
Schleswig-Holstein	2	26, davon 6 verrohrt

Sehr deutlich kommt die besondere Bedeutung gerade der kleinen Gewässer, d.h. der Bachoberläufe, Bäche und kleineren Flüsse für die Vernetzung der Landschaft durch ihre sehr große Streckenlänge zum Ausdruck. Ihre formale Benennung als „3. Ordnung" führt in der täglichen Praxis trotz genereller Geltung der klaren Anforderungen des Wasserrechts leider dazu, daß diese wichtigen ökologischen Landschaftsbestandteile vernachlässigt werden. Dies kann soweit gehen, daß in einigen Landkreisen systematisch gegen das Wasserrecht verstoßen wird, indem fachliche und rechtliche Anforderungen nicht umgesetzt werden.

Die naturwissenschaftliche Einteilung von Gewässerstrecken beginnt an der Quelle. Im englischen Sprachraum werden diese als „1st order streams" bezeichnet (Bild 1.15 links)

und damit psychisch vielleicht anders wahrgenommen als ein rechtsformal bezeichnetes „Gewässer 3. Ordnung".

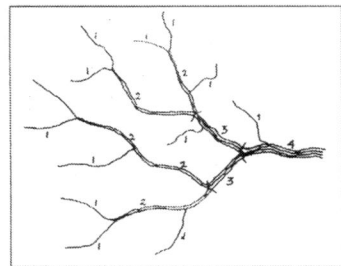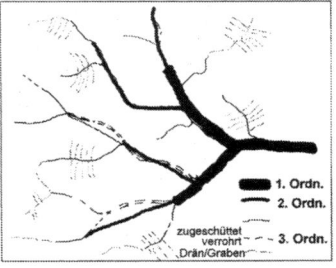

Bild 1.15: Hydrologische und rechtliche Gewässereinteilung

Frühere Gewässerunterhaltungspraktiken

Unter der einzigen, alten Aufgabe, den Wasserabfluß aufrecht zu erhalten, wurde in das Gewässer eingegriffen, sobald es Veränderungen seines Laufs vornahm. Regulierungsarbeiten versuchten, den vorher ausgebauten Zustand wieder herzustellen.

Die ökologischen Zerstörungen, die sich aus dem wiederkehrenden Verbreitern und Vertiefen ergaben, wurden dauerhafter Zustand in der Landschaft. Die früheren Gewässerunterhaltungspraktiken arbeiteten gegen die natürlichen Prozesse statt mit den Kräften der Fließgewässer. Sogar nicht begradigte und vertiefte Gewässer wurden durch Unterhaltungsarbeiten schwer geschädigt. Nach und nach wurde jede kleine Windung abgeschnitten und die Bäche sahen wie ausgebaute Gewässer aus (Bild 1.16).

In den wasserrechtlichen Planfeststellungen der Ausbaumaßnahmen - soweit denn überhaupt welche vorliegen - bzw. in

Bild 1.16: Es gibt Bäche, die ihre natürliche Form bereits durch harte Gewässerunterhaltung verloren haben, hier: die Arn Au.

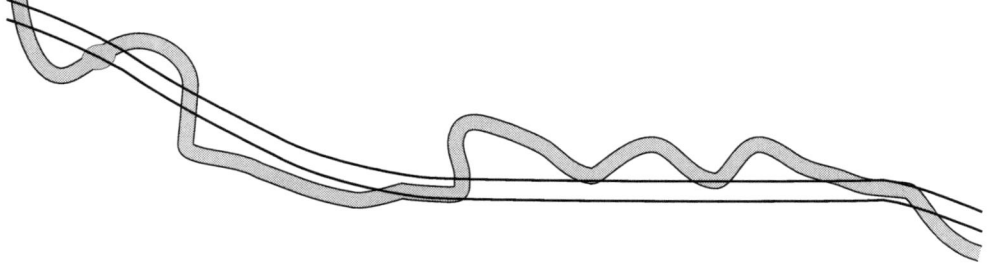

den Ausbauzeichnungen ist festgelegt, wie breit und wie tief das jeweilige Gewässer werden sollte. Wenn dies heute vor Ort aber überprüft wird, ist sehr oft Überbreite und -tiefe festzustellen. Dies ist sowohl auf die fortgesetzten Unterhaltungsarbeiten wie auf Erosionsprozesse an den Seiten und am Grund des Gewässers zurückzuführen, nachdem Pflanzen-, Totholz- und Wurzelschutz des Bodens entfernt wurden.

Neues Denken in der Gewässerunterhaltung

Bereits 1980 veröffentlicht das Süßwasserlabor des dänischen Amts für Umweltschutz in einer Broschüre, wie Fließgewässer so unterhalten werden könnten, daß eine gute Lebensraumqualität resultiert (Bild 1.17).

Das Grundkonzept weist darauf hin, daß ein Zusammenhang zwischen den Gewässerqualitätszielen und den in der Unter-

Bild 1.17: Die Informationsbroschüre von 1980 wirbt für eine an den Lebensraum angepaßte Gewässerunterhaltung.

haltungspraxis angewandten Maßnahmen bestehen muß. Da die Gewässer als Lebensraum dienen sollen, ist es grundfalsch, alles zu „säubern". Die guten Lebensstätten für z.B. Eiablage, Nahrungsaufnahme und Verstecke müssen erhalten bleiben. Somit ist vor jeder Arbeit ihre Notwendigkeit generell zu hinterfragen und ihr Ausmaß auf das absolute Minimum zu begrenzen.

Zum Beispiel sollen Uferböschungen nicht gemäht werden, bis eine spezielle Anweisung erfolgt. Das Grundräumen mit technischem Gerät soll erst dann erfolgen, wenn wirklich erwiesen ist, daß der Sand notwendiges Entwässern des Umlandes verhindert. In Bezug auf Pflanzenwuchs am Gewässerrand wird klargestellt, daß dieser üblicherweise den Abfluß nicht übermäßig behindert und somit stehenbleiben soll (Bild 1.18). Die Pflanzenentfernung soll sich nur auf einen mittig schlängelnden Abflußquerschnitt (sog. „Stromrinne"oder „Stromstrich") beschränken. Handarbeit mit Sensen ist der Maschinenarbeit vorzuziehen wegen der besseren Anpassung an die jeweilige

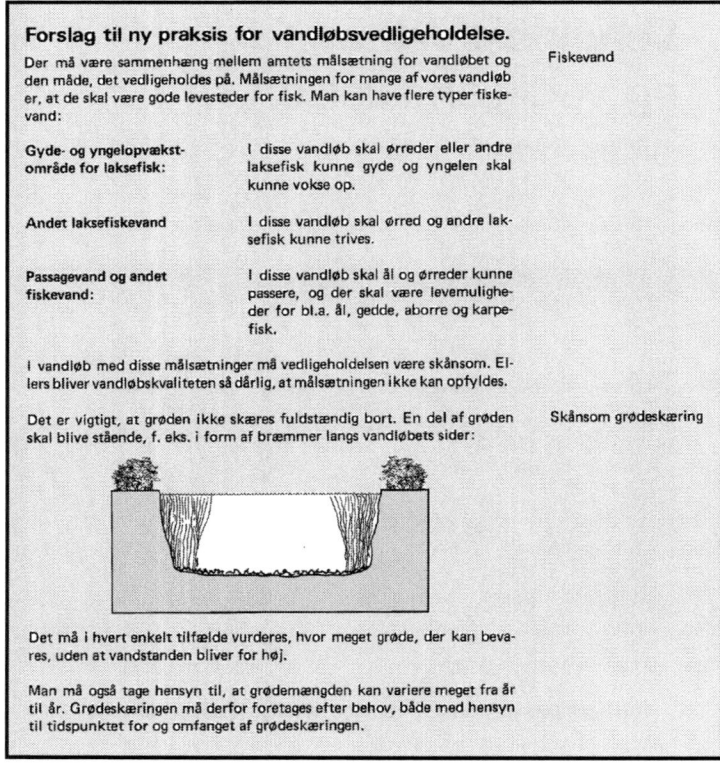

Bild 1.18: *Im Jahr 1980 veröffentlichter Vorschlag für eine neue Praxis der Gewässerunterhaltung.*

Situation vor Ort. Die Broschüre bezog sich zunächst auf die Bezirksgewässer, sagte aber aus, daß nach ausreichender Erfahrung ebenfalls die kleineren, z.B. durch Gemeinden unterhaltenen Gewässer schonend zu unterhalten seien.

Nach und nach wurden diese Empfehlungen in einer Versuch-und-Irrtum-Vorgehensweise erprobt. Schließlich mußte damals sichergestellt sein, daß trotz verringerter und schonenderer Arbeiten Überschwemmungen ausgeschlossen waren. Eine Umfrage unter den dänischen Bezirken ergab schnell, daß in Bereichen, die die Empfehlungen anwendeten, ein anderes Aussehen der Bäche folgte. Bereits die Umstellung der Unterhaltungspraxis führte zu „natürlicher" aussehenden Gewässern und es zeigte sich, daß Uferbefestigungen nahezu überflüssig wurden, da die regelmäßigen Uferzerstörungen durch Unterhaltungsarbeiten unterblieben. Stauden und Baumwurzeln konnten die Uferböschungen so sichern, daß der erodierende und im Gewässer transportierte Sand besser zurückgehalten wurde.

Erste Versuche in Nordjütland

Erste Versuche zur Lebensraumverbesserung wurden mit verschiedenen Ansätzen begonnen. Zum Beispiel wurden Kiesbänke in regelmäßigen Abständen angelegt, die den Rauschenabständen natürlicher Gewässer entsprechen. Als Abstand der Hochpunkte zwischen den einzelnen Bänken wurde die 5–7fache Gewässerbreite gewählt. Kleine Halbinseln aus Steinen wurden als sogenannte „Strömungskonzentrierer" angelegt, sowohl wechselseitig in Folge, wie zum Teil auch von beiden Seiten gleichzeitig. Dies führte schnell zu Veränderungen im Bach: Die Strömung erodierte Kolke zwischen den Kiesbänken, innerhalb kurzer Zeit hatte sich ein naturnahes Gewässer entwickelt (Bild 1.19).

Bild 1.19: *Die Strömung kann auch in geradlinigen Bächen Rauschen und Kolke formen.*

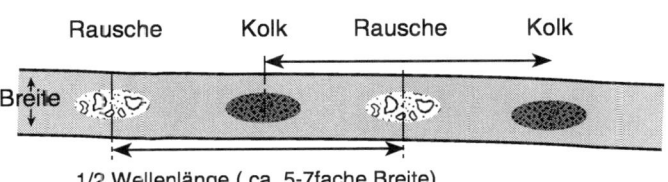

41

Weder die Kiesbänke noch die, z.B. wie Dreieckbuhnen aus-
gebildeten Strömungslenker hatten irgendeinen Negativeffekt
auf das Abflußverhalten. Die Verringerung der Gewässerbreite
im Mittel- und Niedrigwasserbereich führte zur Seitenverla-
gerung des vorher flächig deponierten und zeitweise transportierten Sandes und legte in den meisten Fällen den natürlichen
Gewässergrund frei.

Es stellte sich als zweckmäßig heraus, aus der Naturbeobachtung zu lernen, wie Einbauten zu erfolgen haben und wie nicht.
Die notwendige Länge der Strömungslenker sollte im Versuch-
und-Irrtum-Ansatz in jedem Gewässer erprobt werden.

Schonende Pflanzenmahd, erste Versuche

Die ersten Untersuchungen an der Voer Au bezogen sich auch
auf die schonende Pflanzenmahd. Wechselseitig wurden am
Ufer Pflanzenbänke stehen gelassen, so daß das Wasser innerhalb des kanalartigen Bachbetts einen schlängelnden Verlauf
nahm.

Bei der Entscheidung, welches die nicht zu mähenden Pflanzen-
bereiche sein sollen, wurde die „Daumenmethode" angewandt.
Das heißt, es wurde die Naturbeobachtung in Tieflandgewässern genutzt, daß die Mäanderlänge der 10–14fachen Breite
entspricht (s. vorn). Nach einiger Zeit stabilisierten sich diese
Seiten durch Ablagerung von Feinmaterial aus dem neuen, turbulenten Bett und integrierten sich in die Uferlinie. Die Ufervegetation bewurzelte die neuen Strecken und legte mit einem
dichten Wurzelnetz den vorher im Bachbett transportierten
Sand und Schlamm fest. Gleichzeitig wurde die Seitenerosion
verringert, der Bachverlauf wurde schmaler mit turbulenter
Strömung und tiefte sich in die vorher abgelagerten Feinsedimente ein (Bild 1.20).

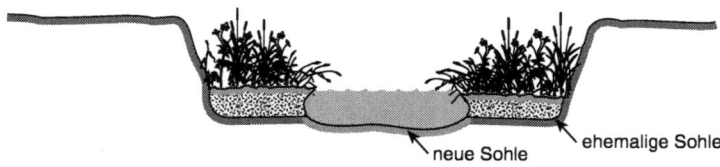

neue Sohle   ehemalige Sohle

Bild 1.20: Stehenge-
lassene Wasserpflan-
zenbestände entwik-
keln sich über die Zeit
zu Uferbestandteilen.

Wegen der Eintiefung des neuen Niedrig- und Mittelwasserprofils kam es zu keinerlei Schwierigkeiten in der Hochwasserableitung, da die Seitenaufhöhung ja mit einer Eintiefung einherging. Gleichzeitig wurden feste Sedimente wie Kiese und Geröll an einigen Strecken wieder freigelegt. Inzwischen hat sich herausgestellt, daß die schonende Pflanzenmahd nicht teurer ist als die maschinelle, harte Gewässerunterhaltung.

Die Anstrengungen zahlen sich aus

Die Zahl an Bachforellen stieg in den Strecken mit schonender Pflanzenmahd (Bild 1.21), Kiesbänke und Verstecke für Fische wurden angelegt und Strömungslenker gebaut. Die Verbesserungen waren am höchsten in den Bächen, in denen sowohl die Gewässerunterhaltung verändert wurde wie gleichzeitig Revitalisierungmaßnahmen stattgefunden hatten (Tab. 1.2). Innerhalb weniger Jahre erreichten die Forellenbestände eine Größe, die für Bäche mit guter Lebensraumqualität charakteristisch sind (vgl. Kap. 3).

Tab. 1.2: *Die Dichte des Forellenbestandes steigt nach dem Entschärfen der Unterhaltungsarbeiten auf ein Vielfaches.*

Bach	Strömungslenker	Pflanzen am Ufer
Spaanbach	4 - 7 x	3 - 5 x
Toesbach	7 - 8 x	4 - 5 x

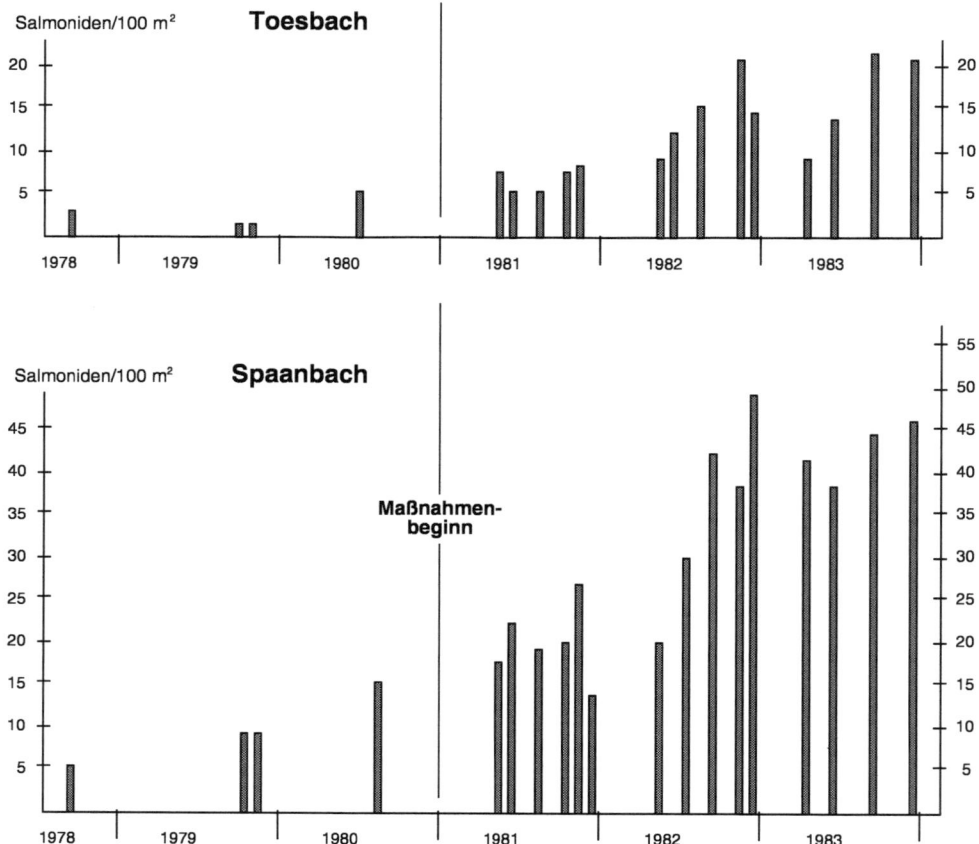

Das dänische Wassergesetz von 1982

Bild 1.21: *Die Anzahl der Forellen in den Bächen stieg an.*

Im Gegensatz zum deutschen Wasserrecht hat das dänische bereits frühzeitig klare, praxisbezogene Aussagen gewählt, wie der Gewässerlebensraum verbessert werden kann. Angesichts der Tatsache, daß meist Laien ohne gewässerökologische Aus- und Fortbildung an den Gewässern arbeiten, ist sicher hierin ein Grund zu sehen, warum dort früher und schneller Verbesserungen der Gewässerstruktur und damit der Besiedlung erreicht werden konnten. Hinzu kommt ein guter Fachaustausch der Ämter und Kommunen, durch den Erkenntnisse schnell flächenhaft verbreitet werden.

Der Inhalt des Gewässerrestaurierungs-Paragraphen (§ 37) aus dem dänischen Wassergesetz sei hier als Beispiel für Handlungshinweise wiedergegeben.

1) In öffentlichen Fließgewässern, deren Bedingungen nicht den regionalen Gewässerqualitätszielen entsprechen, werden die Wasserbehörden ermächtigt, die Bedingungen durch folgende Maßnahmen zu verbessern:
   a) das künstliche Schaffen von überhängenden Ufern,
   b) das Auslegen großer Steine,
   c) das Auslegen von Baumstämmen o.ä. auf dem Gewässergrund,
   d) das Einrichten von Strömungslenkern und
   e) das Anlegen von Laichbetten.

2) Die Wasserbehörden tragen die Kosten dieser Restaurierungen.

3) Das Amt für Umweltschutz kann Großprojekte finanziell unterstützen.

4) Jeder, der aus Restaurierungen Nachteile erleidet, hat ein Recht auf Entschädigung.

5) ...

Bild 1.22: *Baumstämme sind hervorragende Fischunterstände.*

Die Aussagen des Wasserrechts zur Gewässerunterhaltung wurden erstmals so formuliert, wie dies auch das deutsche Wasserrecht inzwischen klar festlegt: Bei ihren Arbeiten für die Aufrechterhaltung eines ausreichenden Abflusses hat die Gewässerunterhaltung die Umweltbedingungen in den Gewässern zu berücksichtigen.

Gegenwärtige Unterhaltungspraxis

Auch weiterhin ist die Abflußkapazität jedes Gewässers so sicherzustellen, daß Schäden durch Überschwemmungen vermieden werden. Aber gleichzeitig müssen gute Lebensbedingungen sichergestellt werden für Fische, Wirbellose und Pflanzen. Solche Fließgewässer sehen im Vergleich zu den hart unterhaltenen ganz anders aus.

Der Gewässerunterhalter muß sich mit seinen beiden gleichrangigen Aufgaben auseinandersetzen. Während im früheren Verständnis die Pflanzen im Bachbett und am Ufer womöglich alle zu räumen waren, müssen sie jetzt mindestens zum Teil stehenbleiben. So wird aus der „alten" Gewässerunterhaltung jetzt eher Gewässerpflege und zwar eben nicht im Sinne einer „Reinigung" bis zur „klinischen Desinfektion" mit der Folge einer Wüstenei statt eines Lebensraumes.

Der kanalartig hergestellte und unterhaltene Wasserlauf steht im völligen Gegensatz zu den Kräften der Natur. Die Strömung läuft normalerweise nicht geradlinig, sondern dreht und windet sich. Das natürliche Gewässerbett ist nicht eben und gleichförmig. Es verändert sich regelmäßig zwischen tiefen und flachen Bereichen, kleinräumig zusätzlich verändert durch interne Hindernisse und es ist charakterisiert durch wechselnde Bereiche von Sand, Schlamm, Kies und Geröll.

Der Gewässerunterhalter muß nun mit den Kräften des Fließgewässers arbeiten. Er soll ihm helfen, seine neue Form zu finden. Die heutigen Bedingungen führen dazu, daß Situationen wie in natürlichen Gewässern ohne großen Aufwand entstehen können. Das Ergebnis kann ein gesundes Fließgewässer sein, das eine hohe Selbstreinigungskraft hat und einen guten Lebensraum für Fische, Wirbellose und Pflanzen bietet.

Da die meisten unserer heutigen Bäche und Flüsse durch Unterhaltung und Breitenerosion tiefer und breiter sind, als im Ausbauzustand vorgesehen, ist es problemlos möglich, Verengungen mit Steinen, Kiesbänken oder Totholz anzulegen. Gewässerunterhalter wie Wasserbehörden müssen diese Zielsetzung als Maß nehmen für das weitere Handeln vor Ort. Unterhaltung ist zu unterlassen, wo die Ausbaumaße bereits überschritten sind, gleichzeitig kann ein naturförderndes Handeln „im Zwischenraum" nicht einen immensen Verwaltungsaufwand für Erlaubnisse rechtfertigen. Unbürokratisches Handeln ist angesichts der Zerstörung unserer Gewässerstrukturen gefragt.

Die guten Resultate aus Nordjütland wirkten sich auch auf die Praxis der übrigen dänischen Ämter aus, in denen bei gutem Informationsaustausch untereinander durch veränderte Pflanzenmahd neue, strudelnde Gewässerquerschnitte entwickelt wurden. In der Simested Au, in der nur 2-3 Bachforellen auf 100 m² während der harten Gewässerunterhaltungsperiode vorkamen, wurden nun bis zu 22 Bachforellen angetroffen. In anderen Gewässern erhöhten sich die Bestände bis auf 19-33 Tiere/m². Zweifellos stammt ein Teil dieser Fische aus Besatzmaßnahmen. Diese Tiere können aber auch nur in solchen Zahlen überleben, wie der Lebensraum dafür geeignet ist - eine Voraussetzung zum Überleben von Besatzfischen ist z.B. die Zahl guter Versteckplätze. Insofern ist die schonende Gewässerunterhaltung ein Schlüsselfaktor für die Größe der Fischbestände.

Das nächste Kapitel diskutiert, wie Bäche und Flüsse so unterhalten werden können, daß gleichzeitig sowohl die Abflußkapazität ausreicht als auch gute Lebensraumbedingungen sichergestellt sind.

Bild 1.23:
a) *Geometrisch gebaggerte und fortlaufend hart unterhaltene Gewässer sind kein guter Lebensraum.*

b) *Während der Laichzeit ausgebaggertes Forellenweibchen.*

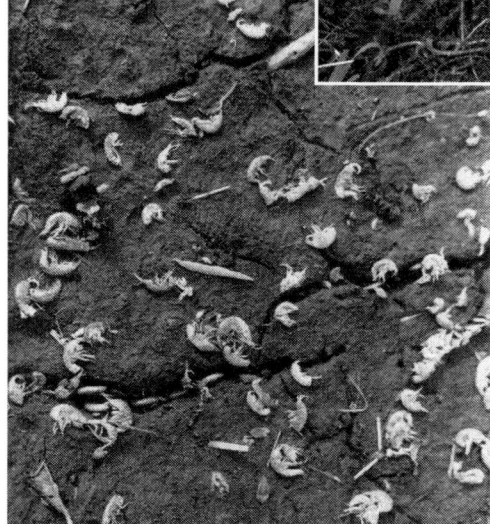

c) *Der „Gammarus-Overkill", Maschinenarbeit vernichtet Organismen.*

d) *Diese „Ordnung" ist nicht das Ordnungsprinzip von Lebensräumen. Dies ist die Wüste.*

2. Neue Wege in der Gewässer- unterhaltung

Die Untersuchungen an der Voer Au und ihren Neben-bächen haben gezeigt, daß schonende Pflanzenmahd zu spürbaren Verbesserungen in den Fließgewässern führt. Gute Ergebnisse wurden bei geringen Kosten erzielt. Auch in anderen Teilen Dänemarks ist seitdem festge-stellt worden, daß schonende Gewässerunterhaltung gute Lebensraumqualität des Gewässers erreicht. Fast überall hat sich herausgestellt, daß die harte Unterhaltung zu überbreiten und übertiefen Gewässern mit Sandtransport geführt hat. Ohne den erforderlichen Abfluß in Frage zu stellen, konnte so die Unterhaltungspraxis umgestellt werden und es wurden Steine und Kiesbetten ausgelegt sowie Pflanzengürtel in der Überbreite des Bettes akzep-tiert.

In vielen Gewässern sind Wasserbehörden und Grund-stückseigentümer heute einig, daß es ausreicht, höchstens die halbe Gewässerbreite zu unterhalten. Dies reicht für den notwendigen Abfluß aus. Grundräumung ist meist nicht mehr nötig, da aufgrund der schützenden Ufer-säume gar nicht mehr so viel Bodenmaterial erodiert. Der schmalere Abflußquerschnitt hat Kraft genug, Fein-material wegzutransporieren und seitwärts abzulagern.

In diesem Kapitel werden Beispiele von früher breiten, träge fließenden Kanälen präsentiert, die durch verän-derte Unterhaltung in 2-3 Jahren zu schmaleren, gewun-denen Gewässern mit turbulenter Strömung geworden sind.

Schonende Gewässerunterhaltung hat viele Fließgewäs-ser zu besseren Lebensstätten für Tiere und Pflanzen gemacht. Turbulentes Fließen hat die Gewässerstruktur verbessert und dies ist auch für die Wasserqualität von Bedeutung. Durch bessere Belüftung und längere Kon-taktzeiten des strudelnden Wassers an den festen Oberflächen des Gewässergrundes wird die Selbstreinigung effektiver. Die hohe Strukturvielfalt erhöht die Zahl der Wirbellosen als Indikator für eine bessere Wasserqualität, so daß auch die Gütekarte die Veränderungen anzeigen kann.

Baggern zerstört Lebensräume

Im Jahr 1981 untersuchte der Bezirk Ribe, welche Zerstörungen die harte Gewässerunterhaltung auf den Bachforellenbestand eines Baches bewirkt.

Untersucht wurde ein Nebenbach der Sneum Au, in dem es einerseits naturnahe Bereiche mit Bachforellenbestand und andererseits hart unterhaltene, gerade Strecken gab. Es zeigte sich ein erheblicher Unterschied zwischen den Bachforellenbeständen dieser beiden Strecken. Im oberen Bereich mit einer Vielzahl von Verstecken betrug die Stückzahl bis zu 360 Forellen pro 100 m², während im unteren Bereich der Bestand nur ein Fünftel so groß war. Im unteren Bereich waren die Tiere wegen Nahrungsmangel auch kleiner als im oberen und das Gesamtgewicht lag nur bei einem Achtel (Bild 2.1).

Bild 2.1: Die meisten und größten Forellen leben in dem Bereich des Stårup Baches mit der vielfältigsten Gewässerstruktur.

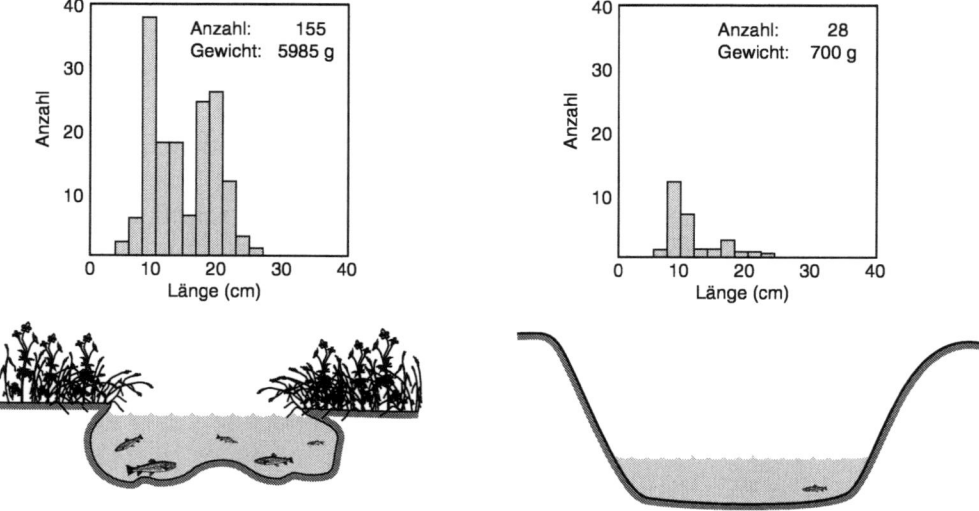

Im Oktober 1981 wurde der obere Bereich mit seinen guten Verstecken grundgeräumt mit derselben Akkuratesse, die andernorts üblich war. Pflanzenbestände, überhängende Ufer und Ufervegetation wurden geräumt. So verschwand die Mehrzahl der Fische.

Bessere Fließgewässer durch schonende Gewässerunterhaltung

Bild 2.2: Ein Beispiel, wie ein schlängelnder Strömungsweg gemäht werden kann.

Die vorgenannte Studie zeigte, daß gute Verstecke und wechselnde Tiefen wichtige Faktoren für gute Bachforellenbestände sind. Harte Gewässerunterhaltung zerstört solche Lebensgrundlagen. Diese Erkenntnisse wurden zum Ausgangspunkt für veränderte Gewässerunterhaltungsmethoden im Bezirk Ribe. Diese wurden zunächst in Gebieten erprobt, in denen ohnehin keine Abflußprobleme zu befürchten waren, z.B. wo nicht länger genutztes Grünland vorherrschte.

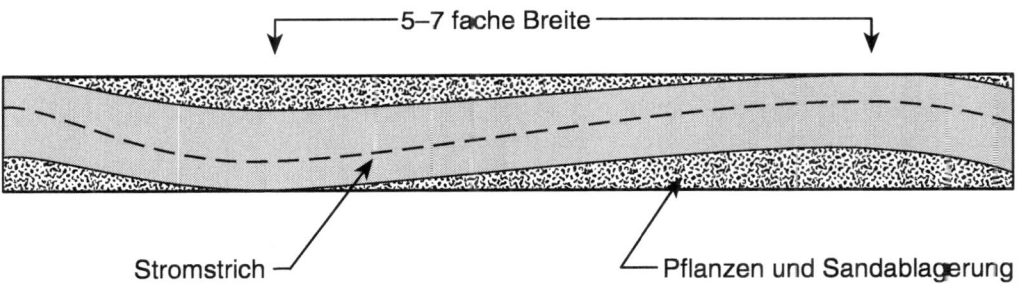

5–7 fache Breite

Stromstrich

Pflanzen und Sandablagerung

Hieraus haben sich klare Vorgaben für die Unterhaltungspraxis entwickelt: Wesentliche Grundlage ist die vorherige Beurteilung der Gewässersituation. Durch Unterhaltungsarbeiten soll keine spezielle Gewässerform erhalten werden, Vorrang hat die eigendynamische Entwicklung. Die Pflanzenmahd wird im Wesentlichen auf einen schmalen Abflußquerschnitt beschränkt (Bild 2.2, 2.3). Wenn ein Fließquerschnitt in dichten Pflanzenbeständen nicht erkennbar ist, wird eine leicht schlängelnde Stromrinne durch Mähen hergestellt. Optimal ist dann wieder der Mäander mit der 10-14fachen Länge der „arbeitenden Breite". Ergebnisse aus der Praxis zeigten, daß ca. 1/3 der Breite im Regelfall ausreicht, um einen sich selbst erhaltenden Abflußquerschnitt zu erzielen.

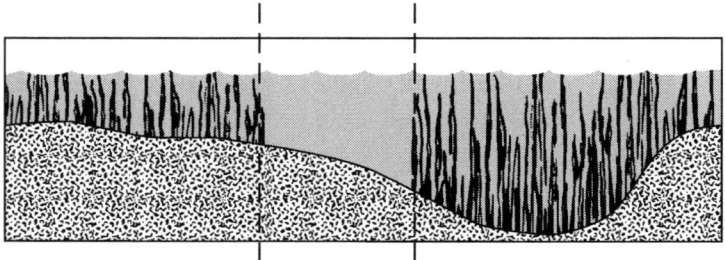

Pflanzenmahd in der Bachmitte

Bild 2.3: *Die Strom-rinne sollte schlän-gelnd im tiefsten Gewässerstrich gemäht werden und nicht pauschal in der Mitte.*

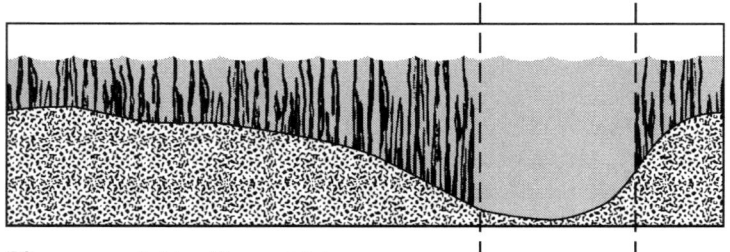

Pflanzenmahd im Stromstrich

Guter Abfluß im turbulenten Stromstrich

Die Erfahrungen zeigten eindeutig, daß die Pflanzenmahd statt in regelmäßigen Zeitschritten über den gesamten Bach-querschnitt und über die Bachlänge besser punktuell an Stel-len durchgeführt wird, wo sie wirklich notwendig ist.

Der schmale, turbulente Abflußquerschnitt ändert mit den Abflußverhältnissen durch Konzentration des Wassers gleich-zeitig die Lebensbedingungen der Wasserpflanzen. Die in vielen träge fließenden und unbeschatteten Bächen vorherr-schende Wasserpest wird so zurückgedrängt und kann durch Beschattung mit Erlen völlig unbedeutend werden, während die vielerorts standorttypische Hakenwasserstern-Gesellschaft wieder erscheint. Der Wasserhahnenfuß als ein anderer Besied-ler unserer Bäche zeigt auch im Vergleich zwischen trägen, breiten Kanälen und schmaleren, turbulenten Fließsituationen unterschiedliches Verhalten. Während er in ruhigem Wasser dichte Bestände bildet, die mit Schwimmblättern und Blüten das Bild prägen, ist in turbulent fließenden Gewässern ein Unterwasserpflanzentyp ausgebildet, der sich je nach Strö-mung dem Gewässergrund anschmiegt und kaum Strömungs-widerstand bietet.

Wasserpflanzen im Bachquerschnitt

Durch Ausbildung von Pflanzenpolstern schaffen die Unterwasserpflanzen einen vielfältigen Lebensraum. Diese inselartigen Polster zwingen das Wasser in Stromrinnen und so strudelt der feste Gewässergrund frei. Die durch Steine und Kies geprägten Rinnen sind hervorragende Nahrungs- und Laichräume für Bachorganismen wie Forellen.

In den Polstern selbst herrschen unterschiedliche Strömungsbedingungen bis hin zu totaler Strömungsruhe. Durch die verschiedenen Verhältnisse können besonders viele Arten ihren optimalen Kleinlebensraum finden.

Massenwachstum und damit störende Auswirkungen auf den Wasserabfluß entstehen meist dann, wenn das Licht ungehindert auf den Gewässergrund dringen kann. Dies ist der Fall, wenn der standorttypische Erlensaum bzw. der Erlenbruchwald oder der Auenwald fehlt. Besonders problematisch sind Massen von Fadenalgen. Hier sind dann meist starke Tag-Nacht-Schwankungen im Sauerstoffhaushalt und je nach Pufferung des Wassers - auch starke Schwankungen des pH-Wertes möglich. Beides wirkt sich auf andere Wasserpflanzen und die standorttypische Gewässertierwelt ausgesprochen negativ aus.

In Fließgewässern, in denen noch kein Stromstrich gemäht worden ist, bildet sich selbst einer aus, der von einer Seite zur anderen schlängelt. Auch wenn Pflanzen im Stromstrich selbst stehen, herrscht hier eine gute, turbulente Strömung. Hier legen sich - selbst bei vergleichbar dichtem Pflanzenbestand wie in breiten, langsam fließenden Strecken - die Pflanzen flach und bieten der Strömung so geringeren Widerstand.

Je dichter die Wasser- oder Sumpfpflanzen im Gewässerquerschnitt stehen, desto höher ist der Strömungswiderstand Dies trifft besonders in breiten, flachen Gewässern zu. Die langen Blätter des Igelkolbens behindern in solchen Strecken den Wasserabfluß besonders. Im Gegensatz dazu verhalten sich die Blätter im schmalen, tiefen Stromstrich anders. Hier bieten sie geringeren Widerstand. Die Strömung drückt die Blätter gegen den Gewässergrund, so daß das Wasser frei abfließen kann (Bild 2.4). Mit stärker werdender Strömung bei steigender Wasserführung nimmt die Abflußkapazität im mit Igelkolben bestandenen Stromstrich zu.

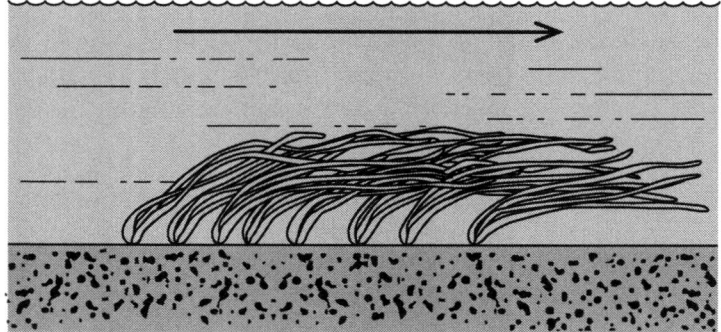

Bild 2.4: *Bei stärkerer Strömung wird der Igelkolben in der Stromrinne gegen den Boden gedrückt. So bieten die Pflanzen der Strömung weniger Widerstand.*

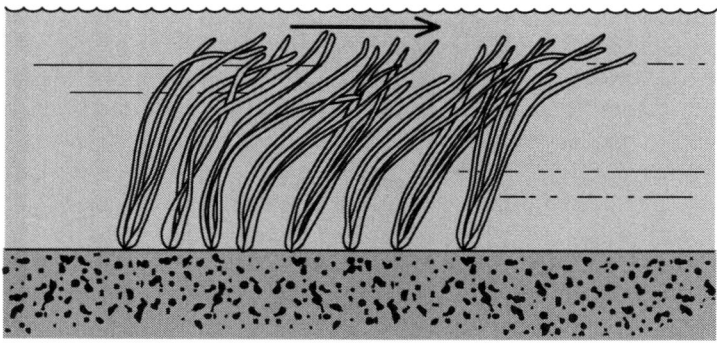

Hieraus wird ersichtlich, warum es in Gewässern mit selbst ausgebildetem oder gemähtem Stromstrich kaum Probleme mit dem Wasserabfluß gibt. Dagegen wird ein breit geräumtes Tieflandgewässer flächig Sand und andere Sedimente ablagern und damit zum Wasserstandsanstieg und zu häufig wiederkehrenden Unterhaltungsarbeiten beitragen.

Verschiedene Pflanzentypen

Die Naturbeobachtungen zeigten, daß der Wasserspiegel oft bereits vor dem Pflanzenmähen im Frühsommer wieder fiel. Andererseits konnte auch beobachtet werden, daß z.B. der

Flutende Hahnenfuß nach dem Mähen zum falsch gewählten Zeitpunkt wieder stark nachwuchs und der Wasserspiegel sich dadurch wieder erhöhte.

Es wurden daher Untersuchungen durchgeführt, um der günstigsten Zeitpunkt für die Mahd festzulegen, abhängig von der dominierenden Pflanzenart. Zwei Haupttypen wurden untersucht: Hahnenfuß und Igelkolben. Beide gehören zu den häufigsten Pflanzen in regelmäßig unterhaltenen Tieflandbächen und können so dichte Bestände bilden, daß der Abfluß behindert wird.

Der Flutende Hahnenfuß kann insofern eine nützliche Pflanze im Gewässer sein, als er einen guten Lebensraum für Wirbellose und Verstecke für Fische bietet. Insbesondere in inselartigen Polstern kann sich eine reichhaltige Fauna finden. Zwischen isoliert liegenden Polstern kann sich ein gut ausgeprägter Strömungsquerschnitt bilden.

Die Wiederansiedlung von Flutendem Hahnenfuß ist einfach, wie die Stadt Silkeborg herausfand. Ein Büschel Pflanzen wird mit einem Stein im Gewässer festgelegt. Wenn der Lebensraum der Pflanze zusagt, können innerhalb von 3-4 Jahren mehrere Kilometer Gewässer besiedelt werden.

Der Igelkolben ist eine der Wasserpflanzen, die große Probleme hervorrufen kann, sowohl für den Abfluß als auch für das Gewässerbett und Pflanzen- und Tierwelt. Die Blätter sind kein geeigneter Lebensraum für viele Organismen. Nur wenige, wie z.B. die Larve der Kriebelmücke, heften sich an ihnen an. Sie können in sehr großen Individuenzahlen vorkommen. Wenn der Igelkolben dichte Bestände ausbildet, ist die Strömung am Gewässerboden sehr schwach und Schlamm wird abgelagert. Die Pflanze entwickelt sich in einem solchen Bett extrem gut, während der Flutende Hahnenfuß ein Kiesbett bevorzugt. Bachabwärts von Igelkolben-Beständen kann der Hahnenfuß durch die sich entwickelnde schwächere Strömung und die Ablagerungen von Feinmaterial in seinem Bestand verringert werden, worunter in der Folge die Gewässertierwelt leidet (Bild 2.5).

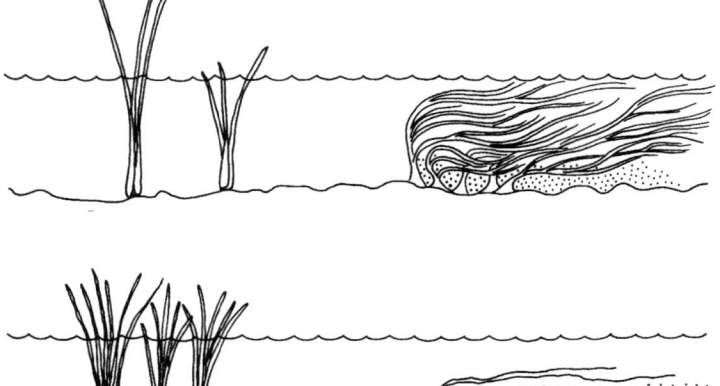

Wann soll die Pflanzenmahd stattfinden?

Da sich die meisten Wasserpflanzen im Winter stark zurückbilden, ist eine herbstliche Pflanzenmahd unnötig ausgegebenes Geld. Unter Kosten-Nutzen-Gesichtspunkten ist ein Kennenlernen der pflanzenspezifischen Eigenschaften weit wichtiger als eine vorschnell veranlaßte Mähaktion.

Untersuchungen zeigten, daß Flutender Hahnenfuß besonders stark im Frühjahr wächst, wenn Licht und Wassertemperatur zunehmen. Nach der Blüte im Sommer beginnt der Bestand abzunehmen. Wenn man die Pflanzen dann nicht anrührt, trägt die Strömung die alternden Teile selbst fort. Wenn man jedoch stattdessen mäht, beginnt massives Wachstum erneut, sodaß der gesamte Gewässerquerschnitt schnell wieder gefüllt wird. Es ist somit am günstigsten, den Flutenden Hahenfuß so spät im Sommer wie möglich zu mähen. Fraglich ist, ob dies überhaupt nötig ist, da er sich ja im Winter bis auf kleinste Reste ganz zurückbildet.

Igelkolben wächst den ganzen Sommer über, wenn ausreichend Licht vorhanden ist. Am Fuß der Pflanze „warten" genug neue Schößlinge, die sofort zu wachsen beginnen, sobald der Altbestand gemäht wird. Dieser Effekt ist ja vom Rasenmähen bekannt - je mehr Einsatz, desto mehr und dichterer Bestand. Wird das Mähen dagegen unterlassen oder auf einen schmalen Stromstrich begrenzt, beschattet sich die Pflanze so stark selbst, daß dieses übermäßige Wachstum unterbleibt.

Flutender Hahnenfuß	Igelkolben
So spät wie möglich mähen	So selten wie möglich mähen

Bild 2.6: Flutender Hahnenfuß sollte so spät wie möglich gemäht werden, Igelkolben so wenig wie möglich.

Im Fließgewässer standorttypische Pflanzen wie bestimmte Laichkräuter und Wassersternarten reagieren sehr empfindlich auf die Mahd. Ihre Polster sollten daher geschont werden, um den Gewässerlebensraum zu erhalten. Die Brunnenkresse und auch der schmalblättrige Merk brauchen gar nicht gemäht zu werden, da sie sich im Herbst zurückbilden. Werden diese Arten, z.B. durch maschinelles Mähen verdrängt, entwikkelt sich das Fließgewässer zu einer eintönigen, durch Igelkolben, teilweise auch Wasserpest und Hahnenfuß dominierten Strecke.

Die Untersuchungen belegen eindeutig, daß die größten Probleme mit Pflanzen in den kanalisierten, begradigten Gewässern mit regelmäßiger Pflanzenmahd bestehen. Die geringsten Schwierigkeiten traten in den am schonendsten behandelten Gewässern auf. Die Frage entstehender Kosten ist entsprechend zu beantworten.

Ohne Kenntnis der jeweils vorherrschenden Pflanzenarten ist fast jede Arbeit am Gewässer herausgeworfenes Geld. Klar

57

ist vor allem, daß mäßige Beschattung, z.B. durch den am Bach standorttypischen Erlensaum oder -bruchwald, der beste Regulator gegen übermäßigen Pflanzenwuchs im Abflußquerschnitt ist (vgl. Bild 5.3).

Der gute Abflußquerschnitt

Der inzwischen in vielen dänischen Gewässern entwickelte, sich schlängelnde Abflußquerschnitt (Niedrig- und Mittelwasserführung) hat die Bäche schmaler und tiefer gemacht. Wenn dieser neue Fließquerschnitt erstmals freigemäht wird, bieten die verbleibenden Wasserpflanzen auch weiterhin gute Unterstände für Wirbellose und Fische. Mit der seitlichen Ablagerung von Sand und Schlamm jedoch geht ein Teil der Pflanzensäume zur Bodenbildung über und wird Teil des Ufers.

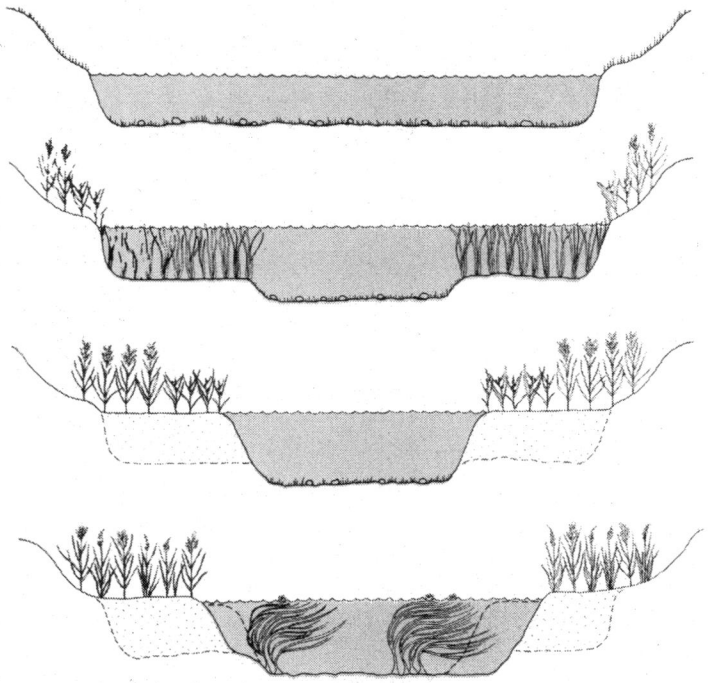

Bild 2.7: Umwandlung eines überbreiten, hart unterhaltenen Baches in einen mit schmaler, turbulenter Stromrinne und Raum für Uferstauden und Wasserpflanzen.

Schließlich ist aus dem neuen Fließquerschnitt das neue, abwechslungsreiche und wieder turbulent fließende Gewässer geworden. Hier ist der Lebensraum für die Fische und Wirbellosen des Fließgewässers, die Strömung und gute Sauerstoffverhältnisse benötigen, neu entstanden. Bei seiner Entwicklung ist natürlich zu beobachten, inwieweit die Abflußkapazität möglicherweise abnimmt. Unterhaltungsarbeiten dürfen die Pflanzenbestände dann nicht stark ausdünnen, um das Entstehen des früheren, öden Gewässertyps zu vermeiden.

Bei ausreichender Gewässerbreite und mäßiger Beschattung wird der Wasserpflanzenbestand in unregelmäßig vorkommenden Polstern wachsen, die typischen Bachpflanzen, wie z.B. der Hakenwasserstern, treten wieder auf. Dazwischen ist der Gewässerboden von steinigen Strecken, das Ufer von Erlenwurzeln geprägt und dauerhafte Verstecke, die auch im Winter bestehen, ermöglichen ein reichhaltiges Tierleben.

Schonende Pflanzenmahd

Das Ziel schonender Pflanzenmahd ist es, bessere Lebensverhältnisse für Fische und Wirbellose zu schaffen. Hiermit werden außerdem Fließgewässer erzielt, die durch wieder entstandene Eigendynamik ihren Abflußquerschnitt selbst erhalten können. So kann der Aufwand für die Gewässerunterhaltung effektiv verringert werden.

Ein Weg der schonenden Pflanzenmahd besteht im Freimähen einer Strömungsrinne durch den Bestand der Pflanzen. Dies verbessert die Strömungsturbulenz und verbessert die Sohlenstruktur in die Richtung, wie sie die ortstypischen Tiere benötigen. Auch die an den Ufern stehen bleibenden Pflanzenbestände sind gute Lebensräume. Die Selbstreinigungskraft des Gewässers wird verbessert, die Ufer werden vor Erosion geschützt.

Alle bisherigen Erfahrungen zeigen, daß die notwendige Entwässerungsleistung des Gewässers durch schonende Pflanzenmahd nicht gefährdet ist.

Im Folgenden werden Beispiele für diese Methode unter verschiedenen Randbedingungen beschrieben. Allgemein kann beobachtet werden, daß sich Niedrig- und Mittelwasserbett der Bäche einengen und so naturnähere Bedingungen entstehen. Es ist jedoch auch wichtig, in der Gewässersohle gute

Lebensbedingungen zu schaffen. Hier muß je nach Standort eine geeignete Lösung durch Naturbeobachtung gefunden werden.

Ein Fließgewässer zwischen Äckern

Das Beispiel der Bjerge Au (West-Seeland) befindet sich in einer Agrarlandschaft, in der die Äcker bis zu 2 m an den Bach heranreichen. Hier wurde ein Unterhaltungsziel definiert, bei dem die Abflußkapazität in der Winterperiode (15. Oktober bis 30. April) durch Messung geprüft wird. Ist der vereinbarte Abfluß nicht mehr sichergestellt, müssen Pflanzen und ggf. auch Sand aus dem Querschnitt entfernt werden. Die Regelung sagt aber klar, daß Kies- und Geröllbänke nicht angerührt werden dürfen. Grundräumung ist zeitlich begrenzt auf die Zeit zwischen dem 1. August und dem 15. Oktober. Das Ende bestimmt sich aus den Tatsachen, daß der Aal seine Winterruhe im Gewässergrund beginnt und die Forellen ihre Eier in den Laichbetten eingraben - durch Grundräumung würden Sand und Schlamm den Laicherfolg zunichte machen.

Diese Zeitbegrenzung ist von grundsätzlicher Bedeutung für die Bachläufe (vgl. S. 78): Im Winter laichen die Forellen, im Frühjahr die Neunaugen und Äschen.

Im Sommer wird ein schlängelnder Strömungsweg durch die Pflanzen der Bjerge Au gemäht. Wenn an den Meßstellen sichtbar ist, daß die Abflußkapazität nicht ausreicht, können die Grundeigentümer zusätzliches Mähen einfordern. Vorher findet noch eine Beurteilung durch die Fachdienststellen statt, ob der erhöhte Wasserstand auf einem kurzfristigen Regenereignis, auf Sandablagerungen oder übermäßigem Krautwuchs beruht.

Ein Bach zwischen ungenutzten Weiden

Die Holtum Au bei Ringkøbing ist von Wiesen und Weiden umgeben, die nicht mehr genutzt werden. Aus landwirtschaftlicher Sicht besteht also kein Anlaß mehr zur Gewässerunterhaltung. Es können aber auch aus anderen Gründen Unterhaltungsmaßnahmen wünschenswert sein, zum Beispiel, wenn ein Gewässer nicht gleichmäßig zuwachsen soll. Hier wurde beschlossen, eine Stromrinne offen zu halten unter der Zielsetzung, ein produktives Forellengewässer zu entwickeln. Der jetzt freigehaltene Querschnitt ist viel schmaler als zu früheren, durch landwirtschaftliche Anforderungen geprägten Zeiten.

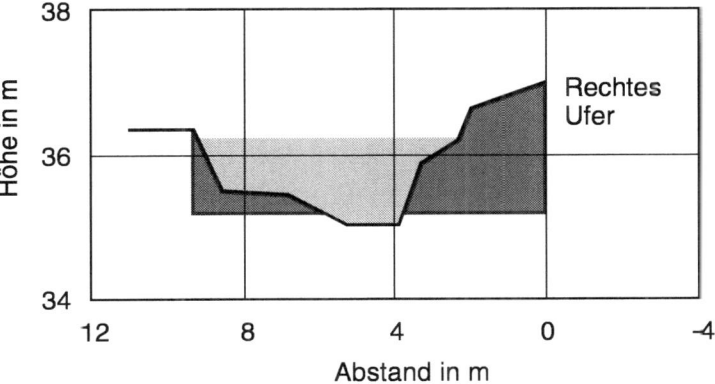

Bild 2.8: *Die Holtum Au ist jetzt schmaler als zu der Zeit, als noch Wasserpflanzen „auf alte Art" gemäht wurden.*

Besonders zu beachten ist, daß Fischverstecke im Bach erhalten werden müssen. So werden überhängende Ufer und Pflanzenpolster nicht angetastet. Auch vom Ufer her einwachsende Pflanzen sollen nur so weit gemäht werden, wie sie den vereinbarten Strömungsquerschnitt übermäßig einengen.

Neue Unterhaltungspraktiken in kommunalen Gewässern

Viele Bäche, für deren Unterhaltung die Kommunen zuständig sind, haben sich in der Vergangenheit durch fortgesetzte, harte Unterhaltung zu überbreiten Wüsten entwickelt. Früher 0,5 m breite Bächlein wurden so zu 2 m breiten Abflußkanälen. Ohne jede Beschattung war es kein Wunder, daß nach intensiver Pflanzenmahd bereits nach einem bis zwei Monaten wieder alles dicht mit Pflanzen zugewachsen war. Die Gewässerunterhaltung hatte sich ihren eigenen, kostenträchtigen Teufelskreis geschaffen.

Nach den oben geschilderten Erfahrungen der frühen 80-er Jahre beschloß man, auf 30 km Versuchsstrecke umweltverträg-

lichere Methoden zu prüfen. Von der Maschinenunterhaltung
wurde auf Handarbeit umgestellt. Die Ufervegetation sollte
unangetastet bleiben. Pflanzenmahd sollte nur wo notwendig
durchgeführt werden, was zu kleineren, aber zeitweise auch
häufigeren Arbeitseinsätzen führen konnte. Schnell verschmä-
lerten sich die Fließquerschnitte und die Strömung wurde wieder turbulent.

Nach zwei Jahren Versuchszeit stellte sich zwischen allen
Beteiligten die Überzeugung ein, daß nicht nur die bachtypischen Lebensverhältnisse erheblich verbessert waren, sondern
daß auch keinerlei Probleme für den Abfluß entstanden waren.
In einem Fall von Gewässeraufstau war lediglich etwas Pflan-
zenmaterial zur Seite zu harken, so daß das Wasser wieder
frei fließen konnte. Derartige Erfahrungen kann jeder leicht
selbst nachvollziehen, hier dargestellt an der Heidenauer Aue,
einem Zufluß der Oste (Bild 2.9 und 2.10).

Bild 2.9: *Maschinell
„blank" unterhaltene
Aue. Der Lebensraum
ist zerstört.*

Bild 2.10: *Direkt oberhalb der Strecke 2.9 nach 2 Jahren Handunterhaltung. Der Lebensraum entwickelt sich, das Wasser kann auch weiterhin abfließen.*

Ein neuer Bach innerhalb von 3 Jahren

Auch der Skiveren Bach in Thisted sah vor wenigen Jahren noch so aus wie die meisten unserer durch Gewässerunterhaltung zerstörten Bachquerschnitte. Er war durch maschinelle Unterhaltung 3,5 m breit geworden - viel breiter als wasserrechtlich festgelegt worden war. Dementsprechend bestanden erbärmliche Lebensverhältnisse für die bachtypischen Organismen: schlappe Strömung, ein gleichförmiges Bett und kaum geeigneter Lebensraum für Fische und Wirbellose.

Nachdem man sich entschlossen hatte, auch hier nur Teile der Pflanzen zu entfernen, verschmälerte sich der Bachlauf um 2 m mit einem geschlungenen Fließweg (Bild 2.11). Die entstandene turbulente Strömung hatte durch Wegstrudeln feinen Bodens ein variables Bett mit unterschiedlichen Wassertiefen geschaffen. Die Abflußleistung war nicht verringert, aber die Pflanzenmahd mußte öfter als bisher durchgeführt werden, um ein Zuwachsen des Querschnitts zu unterbinden. Hierdurch entstanden vorübergehend leicht erhöhte Kosten.

Bild 2.11: *Die Skiveren Au in Thisted wurde zwischen 1987 (oben links) und 1990 (unten rechts) durch Anwenden der Stromrinnen-Mahd vollständig umgewandelt.*

64

Schönere ansprechende Bäche mit mehr Fischen

Die Gemeinde Vejen beschloß 1989, ihre Gewässer mit klarer Qualitäts-Zielsetzung zu unterhalten. Auch hier lag das Hauptaugenmerk auf der Strömungsrinne und der intakten Ufervegetation.

Wie im vorherigen Beispiel konnte auch hier innerhalb weniger Jahre vom eintönigen Kanal bis hin zum lebendigen Bach der Wandel miterlebt werden. Die Bachbreite halbierte sich und wo vorher nur Schlamm lag, tauchten plötzlich Kiesbetten auf.

Bild 2.12: Der Gewässerunterhalter von Børkop hat inzwischen einen Bachlauf entwickelt, der zehnmal so viele Forellen beherbergt wie vorher.

Auch in anderer Weise zeigten sich Veränderungen. Die Forellenbestände wurden durch den Bezirk Ribe überprüft und nach Einführen der schonenden Gewässerunterhaltung war schnell eine Verbesserung der Forellendichten im Umfeld feststellbar. Die Meßstrecken mit gutem Forellenbestand erhöhten sich von 27 % (Untersuchungsperiode 1981-83) auf 66 % (1988-90). Was unter einem guten Forellenbestand zu verstehen ist, wird in Kapitel 3 näher beschrieben.

In der Gemeinde Børkop wurde die harte Gewässerunterhaltung bis 1987 durchgeführt. Ab 1988 wandte man die beschriebene Stromrinnenmethode an. Der zuständige „Bach-Mann" hat ein außerordentliche gutes Gespür für das Verhalten des Gewässers (Bild 2.12). Neben der Gewässerunterhaltung hatte er sich um akute Abflußprobleme zu kümmern. Auch hier waren Erfolge schnell sichtbar, z.B. in der Skärup Au. Dieser Bach hatte eine natürliche Breite von einst 60 cm, war aber durch harte Maschinenunterhaltung auf 3 m verbreitert worden. Inzwischen ist die Breite auf 1 m zurück entwickelt und 1992 gab es wieder 10mal mehr Forellen als 1988.

Private Bachstrecken

Die große Masse der Gewässerstrecken unterliegt der Gewässerunterhaltung durch den Anlieger. Viele sind kleine Bäche mit potentiell sehr guten Lebensraumqualitäten für Wirbellose und ausgezeichneter Eignung als Forellenlaichplatz. Die Wassergesetze gelten für diese Gewässer genauso wie für alle anderen. Daher hat das dänische Amt für Umweltschutz eine Broschüre mit Tips zur Unterhaltung veröffentlicht und 1994/95 ein Video dazu verbreitet. Die guten Ratschläge, die die Stadt Holstebro an Grundbesitzer gegeben hat, sind in Tabelle 2.1 nachzulesen.

Unterschiedliche Richtungen von Empfehlungen

Eine Überprüfung der Anleitungen zur Gewässerunterhaltung hat gezeigt, daß zwei Hauptrichtungen zu finden sind. Zum einen kann eine bestimmte Abflußleistung festgelegt werden, zum anderen können bestimmte Maßzahlen für die Bachquerschnitte Grundlage der Texte sein.

Tab. 2.1: *Zehn gute Ratschläge der Stadt Holstebro für die Gewässerunterhaltung*

1. Geh am Bach spazieren und überprüfe, ob überhaupt Unterhaltungsarbeiten nötig sind. Finde die Stellen, die wirklich den Abfluß behindern und beginne die Arbeit dort. In Zweifelsfällen hole Rat bei Fachleuten.
2. Begrenze Unterhaltungsarbeiten so weit wie möglich und unterhalte das Gewässer so, daß es nicht „glatt" oder gerade wird, d.h. vertiefe und verbreitere nicht durchgängig seinen Lauf.
3. Führe Unterhaltungsarbeiten per Hand aus, nutze Maschinen nur, wo absolut notwendig.
4. Schneide Pflanzen nur in einem schmalen, schlängelnden Stromstrich, der höchstens 2/3 der Gewässerbreite einnimmt.
5. Laß die gemähten Pflanzen nicht abwärts treiben.
6. Falls gebaggert (geräumt) werden muß, begrenze diesen Eingriff auf den Stromstrich und entnimm nur Sand- und Schlammablagerungen.
7. Grundräumung und Pflanzenmahd sollte nur im Juli und August erfolgen.
8. Verletze die Ufer nicht, es sei denn, dies verfolge ein spezielles Ziel.
9. Laß sowohl die Ufervegetation wie die schattenspendenden Bäume und Büsche am Gewässer intakt.
10. Halte eine Uferzone frei von störenden Nutzungen. Denke bei Beweidung immer daran, Zäune zu errichten.

Zunächst herrschten die abflußbezogenen Regeln vor. Hiermit können Zusammenhänge zwischen Abfluß (Q) und Wasserstand (H) vermittelt werden. Damit ist es möglich, die Unterhaltungsarbeiten so zu planen, daß Pflanzen nur dann gemäht werden, wenn die Entwässerungsleistung es verlangt. Solange die Abflußbeziehungen nicht gestört sind, besteht die Möglichkeit, Pflanzenpolster im Gewässer zu belassen. Der Bachlauf darf sich verengen, das Bett auflanden oder sich in anderer Weise verändern.

Die hierauf beruhende Gewässerunterhaltung kann insofern kostenträchtig sein, da viele Messungen an vielen Stationen nötig sind, sowohl während der Planungs- wie während der Ausführungszeit. Hieraus ergab sich, daß das Interesse an der Q/H-Methode stark zurückging. Sie wird jetzt nur an Bächen mit speziellen, hohen Qualitätszielen angewendet, die durch intensiv genutztes Agrarland fließen.

Die zweite Methode zur Steuerung der Gewässerunterhaltung liegt im Beachten der wasserrechtlich planfestgestellten

Abflußsituation, d.h. ein bestimmtes Querprofil mit Minimumbreite und -tiefe wird erhalten. Diese Profilmethode kann auch heute noch vorteilhaft angewendet werden, jedoch hat sie zu den bekannten Verwüstungen unserer Gewässer mit vereinheitlichten, meist überbreiten und übertiefen Profilen geführt. Es hat sich gezeigt, daß für den geforderten guten Gewässerzustand hier keine Lösung liegt.

Für diesen, heute gültigen Anspruch hat sich eine modifizierte Profilmethode als günstig erwiesen. Statt auf festgelegte Breite und Tiefe einigt man sich auf einen bestimmten Abflußquerschnitt. Dies ist die entscheidende Größe für die Abflußkapazität. Somit ist es einfach möglich, einen Fließquerschnitt zu mähen, der schmaler ist und zu einer Eintiefung in abgelagerte Feinsedimente führt.

Wie oben angeführt, haben die meisten unserer Fließgewässer inzwischen Breiten und Tiefen, die weit über den ursprünglichen Bemessungsgrenzen liegen. Hier ist es problemlos möglich, die schmale Strömungsrinne herzustellen durch veränderte Unterhaltungspraxis. Klar ist, daß in diesen Fällen weder das Recht noch die Pflicht besteht, den breiten „Kanal" zu unterhalten.

Bild 2.13: Pflanzenmahd produziert sehr große Mengen organischen Abfall. Dieser muß aus dem Gewässerumfeld entfernt werden.

Der Pflanzenabfall

Die geschnittenen Wasserpflanzen sind zu beseitigen, wenn sie sich ungünstig auf die Wasserqualität auswirken. Auf keinen Fall dürfen sie mit der Strömung abtransportiert werden, ohne nach kurzer Strecke an zentraler Stelle herausgefischt zu werden. Auch das Liegenlassen frischen Pflanzenmaterials am Ufer ist nicht sachgerecht. Es führt zu Überdüngung und fördert unerwünschte Massenentwicklung z.B. von Stickstoffzeigern wie Brennesseln.

Manche Wasserpflanzen, wie die Kanadische Wasserpest, treiben allerdings am Boden, so daß das Einsammeln abdriftender Pflanzen schwieriger ist.

Wie lange dürfen die Pflanzen liegen bleiben?

Viele Wirbellose, kleine Aale und andere Fische können sich im gemähten Kraut verfangen. Damit sie eine Chance haben, wieder in das Gewässer zu gelangen, sollten die Pflanzen dicht am Wasser abgelegt werden. Nach wenigen Stunden können sie entfernt werden. Längere Lagerzeiten führen zum Austritt hoher Nährstoffkonzentrationen, die das Gewässer über Wochen verunreinigen können (Bild 2.14 und 2.15). Aufgrund dieser hohen Sickersaftkonzentrationen muß das Pflanzenma-

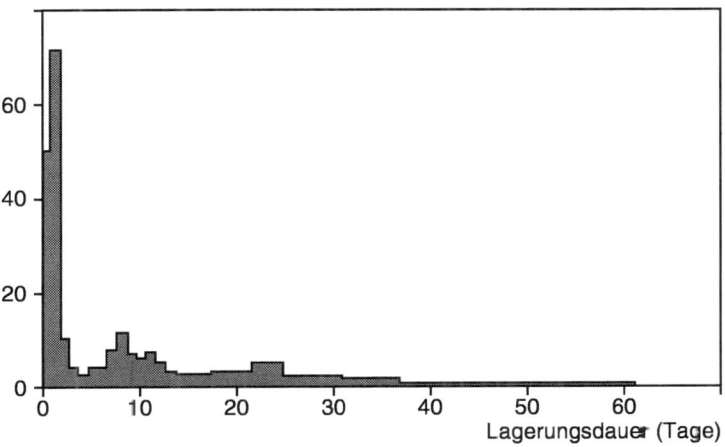

Wasser (l pro Tag und t Pflanzenmasse)

Bild 2.14: *Das meiste Wasser fließt in den ersten 24 Stunden aus dem Pflanzenhaufen ab.*

terial wie Gülle, Mist, Silage wasserdicht gelagert werden. Mit Stroh kann ein ausgezeichneter Kompost erzeugt werden.

Sickersaft (g BSB$_5$ pro Tag und t Pflanzenmasse)

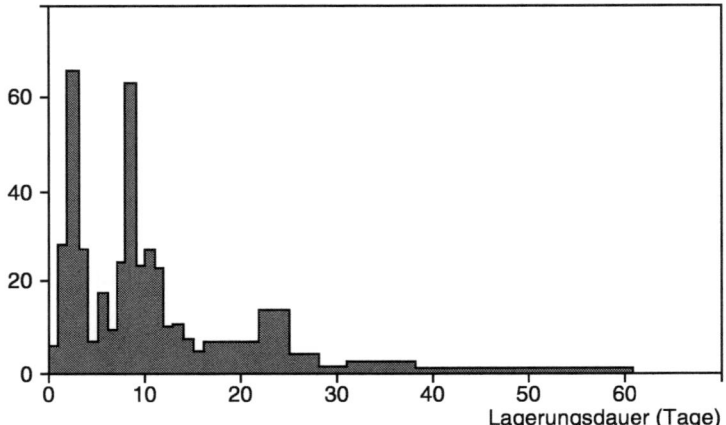

Bild 2.15: Nach kurzer Zeit sickert ein hochkonzentrierter Saft aus dem Pflanzenabfall. Dieser belastet den Sauerstoffhaushalt des Gewässers stark (hier gemessen als BSB$_5$).

Ufervegetation verbessert die Wasserqualität

Ein wesentliches Merkmal der schonenden Gewässerunterhaltung ist, daß die Ufervegetation nicht mehr beeinträchtigt wird. Auch für die Unterhaltung ist dies vorteilhaft, da hierdurch eine Teilbeschattung erzielt wird, die übermäßiges Wasserpflanzenwachstum verhindert (Bild 2.16, vgl. auch Bild 5.3).

In kleinen Bächen wird so die Wassertemperatur an heißen Tagen niedrig gehalten. Dies begünstigt sowohl die Sauerstoffkonzentrationen als auch das Wohlbefinden der bachtypischen Organismen, die ja gerade auf sommerkühle Gewässer angewiesen sind. An Bächen mit geänderter Gewässerunterhaltung hat sich herausgestellt, daß in früheren heißen Sommern keine Forellen überleben konnten. Heute dagegen überleben diese Fische trotz sehr geringer Wasserführung in den Kolken bei ausreichender Sauerstoffversorgung.

Grundräumung

Harte Gewässerunterhaltung zerstört gerade die Lebensbedingungen, die für die Gewässerorganismen besonders wichtig

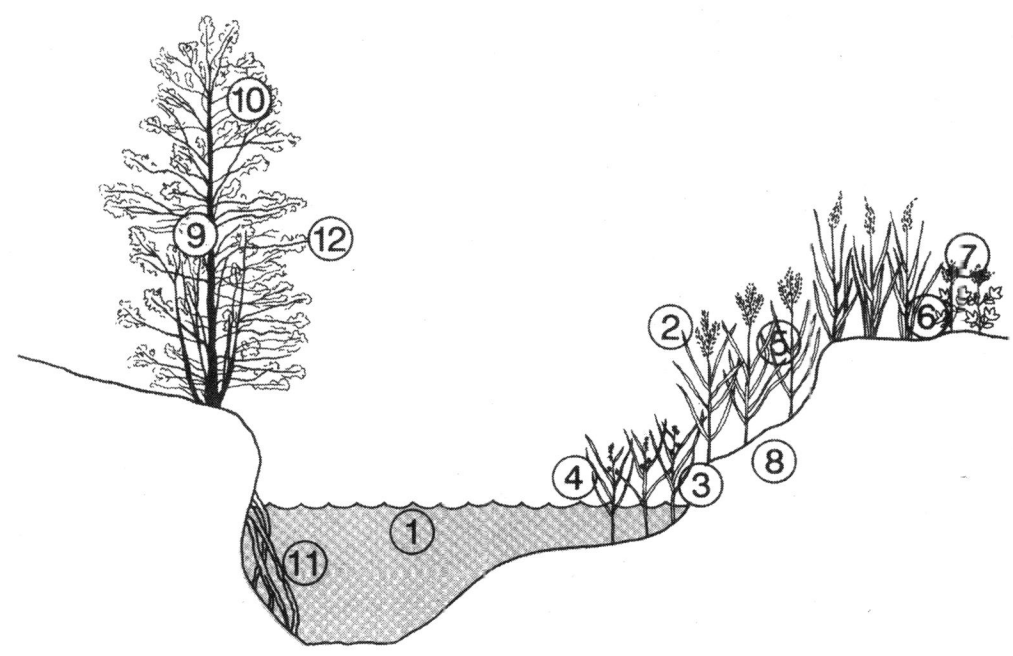

1 Beschattete Bäche beiben kühl und sauerstoffreich.

2 Ufervegetation beherbergt Kleintiere: Fischnahrung, sobald sie ins Wasser fallen.

3 Viele Wasserinsektenlarven krabbeln zum Schlüpfen an Land.

4 Wasserinsekten legen hier ihre Eier, die Larven fallen ins Wasser.

5 Hier finden die geschlüpften Wasserinsekten Schutz.

6 Die Vegetation bietet geschützte Vogelnistplätze (Randstreifen!).

7 Guter Lebensraum entsteht in Randstreifen für Schmetterlinge und Käfer.

8 Die Wurzeln schützen den Boden vor Erosion.

9 Vögel finden Nahrung in den Erlen, in Alterlen nisten Höhlenbrüter.

10 Viele Insektenarten leben ausschließlich auf/von Erlen.

11 Erlenwurzeln sind Lebensraum für Kleinorganismen und Versteck für Fische.

12 Abfallende Blätter sind wesentliche Nahrungsgrundlage für Gewässerlebewesen.

Bild 2.16: *Die Ufervegetation hat großen Einfluß auf die Wasser- und Lebensraum-qualität.*

sind. In vielen Fällen führt diese Praxis wie ein schleichender, nicht genehmigter Gewässerausbau zu immer stärkerer Kanalisierung. Das Fließgewässer wird immer weiter vom Ziel des guten Zustands entfernt, eingetieft und verbreitert (Bild 2.17). Diese harte Unterhaltung glättet die Ufer, entfernt die Pflanzenpolster und Steine und entfernt gleichzeitig alle Verstecke der Forellen. Wenn auch die Kiesbänke verschwunden sind, hat ein solches Gewässer seine Charakteristik vollständig verloren. Es ist auch als Laich- und Jugendraum nicht mehr geeignet (vgl. Kap. 3).

In den Vorgaben der dänischen Ämter für die Gewässerunterhaltung finden sich dann klare Texte wie in Nordjütland:

Bild 2.17: Ein „übergebaggerter" Bachlauf

„...Grundräumung soll vorzugsweise nur im August und September stattfinden. Steine und Kiesbänke dürfen nicht angerührt werden und überhängende Uferpartien, Steine und Wurzeln im Gewässer sollen so weit wie möglich erhalten werden."

Grundräumen und Krauten

Manchmal kann es notwendig werden, eine Grundräumung durchzuführen. Dies ist der Fall, wenn das Gewässer selbst nicht in der Lage ist, abgelagerten Sand und Schlamm wegzutransportieren. Möglicherweise wurde das Material von den Ufern eingetragen, in anderen Fällen wurde es über lange Entfernungen durch Bodenübernutzung abgetragen und hierher transportiert - sei es durch Wind, Regen oder aus Dränagen. Mittelfristig ist für jedes Einzugsgebiet darauf zu achten, daß diese übermäßigen Bodeneinträge so weit wie möglich verringert werden.

An vielen Gewässerstrecken hat bereits die schonende Gewässerunterhaltung zur Verringerung dieser gewässerschädlichen Bodenmengen geführt. Am Oberlauf der Gudenå wurden zum Schutz neuangelegter Laichbänke oberhalb Sandfallen eingerichtet. Anfangs mußten sie bis zu fünfmal im Jahr geleert werden. Seit aber die Gewässerunterhaltung umgestellt wurde, kommt fast kein Sand mehr an. Eine der Ursachen ist, daß die Ufer nicht mehr verletzt werden und die Strömung weit weniger Boden erodiert. Weiter kann in dem schmaleren, turbulenten Strömungsquerschnitt feiner Boden in die Seiten gestrudelt werden oder weiter transportiert werden.

Bedeutend ist auch, daß dichtes Wurzelwerk und Pflanzen am Ufer den Boden vor Frost schützen können. Dieser kann eine wesentliche Ursache für große Uferabbrüche mit erheblichem Sand- und Bodeneintrag darstellen. Seit 1992 in Dänemark ein ungenutzter minimaler Uferrandstreifen von 2 m gefordert ist, sind alle Gewässer besser geschützt als zuvor. Es muß jedoch gesagt werden, daß diese Erkenntnisse nicht neu sind. Auch in vielen Satzungen von Unterhaltungsverbänden stehen erosionsschützende Forderungen seit Jahrzehnten, werden aber nicht konsequent umgesetzt.

Unterhaltung an stark eisenhaltigen Gewässern

Viele Fließgewässer in Nordeuropa sind von Eisenocker sehr negativ beeinflußt. Speziell über Dränwasser kommt dieses Eisen in die Bäche. Das zunächst gelöste Eisen bildet mit Sauerstoff Flocken, die sich als Überzüge über alle Flächen legen. Als Lebens- und Nahrungsraum sind diese Flächen verloren.

Besonders bei der Gewässerunterhaltung derart betroffener Bäche muß besondere Vorsicht walten, da der abgelagerte Eisenocker aufgewirbelt und abtransportiert wird (Bild 2.18). Dies fällt dann besonders auf, wenn abwärts eine Teichanlage den ganzen Schlamm erhält, aber die Gewässerorganismen leiden natürlich alle unter dieser schädlichen Fracht.

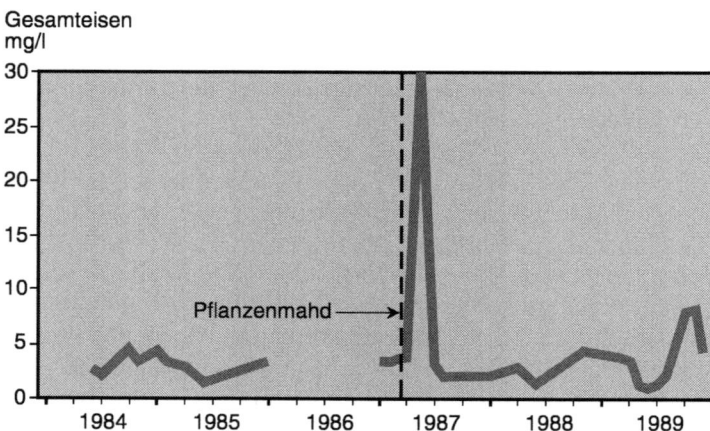

Bild 2.18: *Krauten von stark eisenhaltigen Gewässern kann große Mengen Ockerschlamm freisetzen.*

Bäche mit hohem Ockergehalt stellen keine geeigneten Lebensräume für Forellen dar und die Wirbellosengemeinschaften verarmen. Dies liegt sowohl an der Giftwirkung gelösten Eisens, der Sauerstoffzehrung und Säureproduktion beim Ausflocken wie auch an der Schädigung durch das flächenhafte Zudecken des Gewässergrundes, der Pflanzen und der Tiere. Solche Gewässerstrecken sind mit der herkömmlichen Gewässergüteklassifizierung daher nicht bewertbar.

Auch für Ockergewässer hat sich die schonende Gewässerunterhaltung als vorteilhaft herausgestellt. Der schmale, turbulente Strömungsquerschnitt belüftet das Gewässer weit besser als früher, fällt das Eisen schneller aus und strudelt die Schlammflocken in die Ufer. So besteht die Möglichkeit für Tiere und Pflanzen, das Gewässer wieder zu besiedeln.

Als besonders günstig für Ockergewässer hat sich das Anheben des Wasserstandes herausgestellt. Viele der dränierten früheren Feuchtwiesen enthalten Pyrit im Boden. Dies ist eine Verbindung aus Eisen und Schwefel. Wenn ein solcher Boden dräniert wird, sinkt nicht nur der Wasserstand, sondern es dringt auch Sauerstoff in den Boden ein. So wird der Pyrit oxidiert und das Eisen wird ausgelaugt. Gleichzeitig kann es zu starker Ansäuerung durch Schwefelsäurebildung kommen (Bild 2.19).

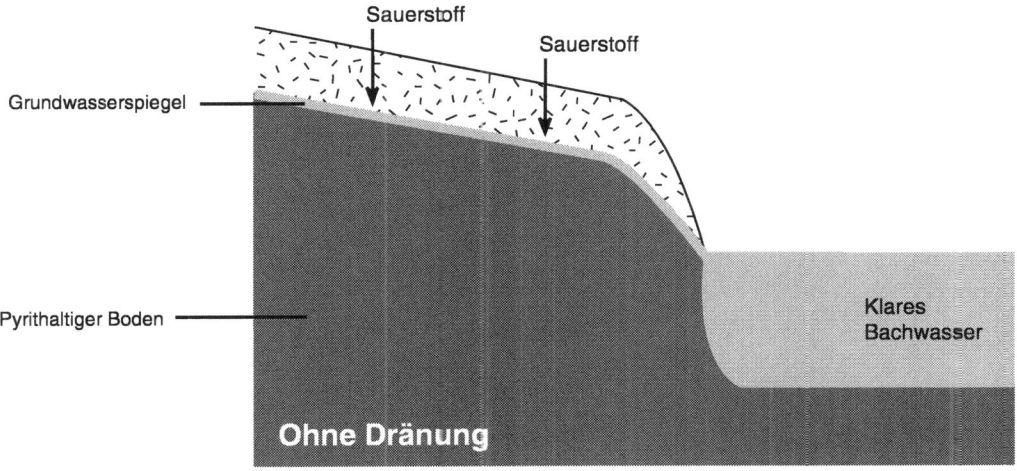

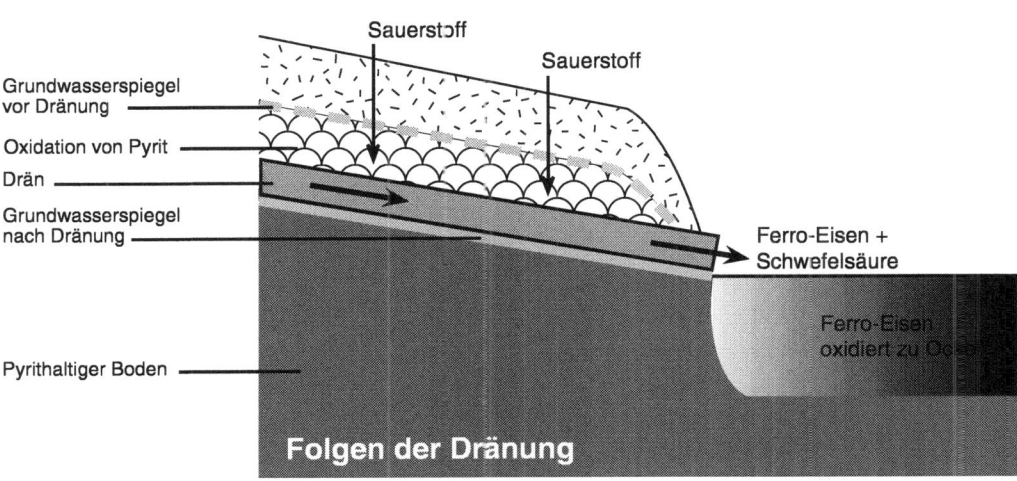

75

Beim Anheben des Wasserstandes wird der Sauerstoffzutritt gestoppt und der Pyrit wird nicht mehr angegriffen. Weniger Eisen wird ausgetragen.

Der Weg zu besserer Gewässerqualität

Die beschriebenen positiven Wirkungen der veränderten, schonenden Gewässerunterhaltung sind in vielen Fallstudien nachgewiesen worden. Inzwischen haben viele dänische Praktiker ihre alten Methoden umgestellt. Das Ziel einer besseren Gewässerqualität ist erreicht worden unter Beibehalten der Abflußleistung des Gewässers.

Die Stromlinie ist der Teil des Gewässers, in dem der Abfluß am größten ist. Hier ist das Gewässer am tiefsten und die Widerstände gegen die Strömung am geringsten. Natürliche

Bild 2.20: Auch Maschinen können zur schonenden Gewässerunterhaltung eingesetzt werden. Hierbei muß aber besondere Vorsicht walten.

Gewässer haben eine solche Stromlinie und unseren verarmten Kanälen kann eine umgestellte Unterhaltungspraxis wieder dazu verhelfen.

Die Erfahrung hat gezeigt, daß auch ein schmaler Stromstrich ausreichende Wassermengen ableitet. Einer der Gründe ist, daß die Strömung die Pflanzenbestände verändert. So kann das Wasser frei abfließen.

Die bessere Gewässerqualität wird unter anderem durch höhere Fischbestände belegt. Für sie bietet die Stromrinne mit den begleitenden Pflanzensäumen bessere Lebensbedingungen. Die Ufer sind geschützt, der Sandtransport minimiert. Alle Beispiele belegen diese Zusammenhänge.

Eine der bemerkenswertesten Beobachtungen nach Umstellen der Gewässerunterhaltung ist aber, daß das Gewässer sein Gesicht verändert. Innerhalb nur weniger Jahre, oft weniger als 3, wird aus dem überbreiten Kanal mit tiefliegender, aber geringer Wassertiefe ein turbulent fließender Bach mit Kiesbänken und Kolken. Beim Anblick eines so veränderten Gewässers fällt manchem Betrachter Schuberts Forellenquintett ein (Text Schubarth: „In einem Bächlein helle da schoß in froher Eil' die launige Forelle vorüber wie ein Pfeil ...".

Eine Charakteristik der neuen Unterhaltungsmethoden ist Flexibilität. Die frühere Praxis war durch Starrheit und Sturheit gekennzeichnet. Heute muß der Unterhalter die Lebensraumqualität und die Situation im Gewässerumfeld mitbewerten. Die Beachtung der verschiedenen Gewässerstrecken, Veränderungen im Niederschlag, in der Nutzung des Gewässers und seines Umfeldes spielen zunehmend eine Rolle.

Schonende Gewässerunterhaltung hat sich durch ihre überzeugenden Ergebnisse in Dänemark schnell verbreitet und die Bäche und Flüsse sind wieder auf einem guten Weg zu hervorragenden Lebensräumen für Wirbellose und Fische.

Das nächste Kapitel beschreibt die Anforderungen, die erfüllt sein müssen, um der Forelle gute Lebensbedingungen zu bieten.

Laichgebiete sind zu schützen und zu verbessern

Laichzeiten gefährdeter Fließgewässerfischarten (LANU-SH 1999)

	Jan.	Feb.	März	April	Mai	Juni	Juli	Aug.	Sept.	Okt.	Nov.	Dez.
Bachneunauge			▨	■	▨							
Flußneunauge			▨	▨	▨							
Meerneunauge						■	■	▨				
Lachs	▨											■
Forelle	▨									▨	▨	■
Elritze						▨	■	▨				
Hasel				▨	■	▨						
Bachschmerle				▨	■	■						
Mühlkoppe			■	■	■							

▨ Laichzeit
■ Hauptlaichzeit in Norddeutschland

Grundsatz für die schonende Gewässerunterhaltung ist es, in den Laichzeiten der Bachbewohner keine störenden Arbeiten durchzuführen. Die Laich- und Aufwuchsgebiete mit Geröll- und Kiesbänken sind generell tabu.

3. Die Forelle - ein Schlüsselorganismus für lebendige Bäche

Forellen und andere Salmoniden (lachsverwandte Fische) sind ein charakteristischer Bestandteil von Fließgewässern. Bäche und Flüsse in gutem Zustand enthalten den hohen Sauerstoffgehalt, den diese Fische benötigen. Bachforellen bleiben ihr ganzes Leben lang im Fließgewässer, während sich Meerforellen und Lachse einen Großteil ihres Lebens im Meer aufhalten. Diese Meereswanderer kehren in den Bachlauf zurück, in dem sie geboren wurden, laichen dort und hier wird auch die nachfolgende Generation ihre ersten beiden Lebensjahre zubringen.

Eine individuenstarke, aus mehreren Jahrgängen aufgebaute Forellenpopulation zeigt einen guten Gewässerzustand an. Viele Bedingungen müssen erfüllt sein, um diesen Fischen zufriedenstellende Lebensbedingungen zu bieten. Da Forellen so stark vom guten Gewässerzustand abhängig sind, werden sie zur Beschreibung von Wasserqualitätszielen gern als Indikator genutzt.

In vielen Fließgewässern ist die Anzahl der dort lebenden Forellen weitaus geringer als dies von Natur aus möglich wäre. Daher wird häufig mit in Teichen aufgezogenen Fischen besetzt. Ein wesentlicher Grund für schwache Forellenbestände ist das Fehlen geeigneter Laichplätze. Hier müssen die Forellen nicht nur ihre Eier ablegen können, sondern die Laichbetten müssen auch geeignet sein, den geschlüpften Fischlarven während der ersten Lebensmonate als Aufenthaltsort zu dienen. Weil heute gerade die als „Kinderstuben" notwendigen Bachoberläufe in ihrer Struktur weitgehend gestört sind, weisen nur wenige Fließgewässer noch einen natürlichen Forellenbestand auf. Es ist allerdings nicht schwer, funktionsfähige Laichplätze anzulegen - man muß es nur wollen und wissen, was zu beachten ist.

Neue Laichplätze werden aus einer Mischung von Kies (z.B. 16-32 mm) und Geröll angelegt, deren Abmessungen ausreichendes Durchfließen sauerstoffhaltigen Wassers sicherstellen. Dies ist notwendig, da die Eier über mehrere Monate eine kontinuierliche Sauerstoffzufuhr und eine Ableitung von Abfallprodukten benötigen.

Dieses Kapitel erläutert, wie natürliche Forellenbestände in Bächen und Flüssen wieder heimisch werden können.

Wie viele Forellen können im Bach leben?

Geeignete Fließgewässer enthalten klares Wasser mit hohem Sauerstoffgehalt. Dies sind aber nicht die einzigen Bedingungen, die die Zahl der Forellen im Bach bestimmen. Je sauberer das Wasser, je besser die Strukturbedingungen, wie Pflanzenpolster, Steine, Erlenwurzeln, Uferüberhänge und andere Verstecke, desto größer die Forellenanzahl, die anzutreffen sein wird.

Die Forellendichte im Gewässer hängt entscheidend von der Zahl der Verstecke und der verfügbaren Nahrung ab. Seit mehr als 50 Jahren schätzen dänische Fischereibiologen die Größenordnung, wieviele Forellen eine Gewässerstrecke dauerhaft produzieren kann. Sie bezeichnen dies als die „Qualität" des Gewässers. Tab. 3.1 benennt die Klassen 0 - 5. Der Begriff Qualität kann mit der Produktivität eines landwirtschaftlich genutzten Feldes verglichen werden, ist aber beim Gewässer weniger durch die Fläche als über die Anzahl der Verstecke zu beschreiben.

0: Nicht für Forellen geeignet
1: Forellen können überleben, aber die Bedingungen sind erbärmlich
2:
3: Mäßige Bedingungen mit einigen Verstecken und guter Wasserqualität
4:
5: Beste Lebensbedingungen mit vielen verschiedenen Versteckmöglichkeiten und guter Wasserqualität

Tab. 3.1: Klassifikationsschema für Fließgewässer auf Grundlage ihrer Eignung als Forellenlebensraum

Der Kampf um Verstecke

Ab Spätherbst bis Winter legen die Forellen ihre Eier in Kies- und Geröllbänken ab. Im Frühjahr verlassen die kleinen Forellen (Brütlinge) den Kies und besiedeln den Gewässergrund. Hier beginnt ihr Kampf gegen andere, um sich jeweils eine „Privatsphäre", ein Territorium, zu sichern. Sie versuchen, in ihrem Gesichtsfeld keine weiteren Forellen zu dulden und alle, die keinen Versteckplatz finden, werden verscheucht und sterben schnell an Hunger und Streß.

Je mehr Verstecke ein Bach aufweist, desto mehr Forellen können überleben (Bild 3.1). Die Art der Gewässerunterhaltung hat daher einen großen Einfluß auf die Qualität des Gewässers. Aber auch bei optimalen Lebensbedingungen für die frisch geschlüpfte Brut wird der größte Teil das erste Lebensjahr nicht überleben (Tab. 3.2). Von 1.000 geschlüpften Brütlingen sind nach dem ersten Jahr noch 125 vorhanden.

Die Sterberate für die Forellen ist auch im Folgejahr hoch. Von den 2 und 3 Jahre alten Fischen verlassen viele ihren Geburtsbach, um ins Meer zu wandern.

Bild 3.1: *Forellenbrut ist aggressiv.*

Tab. 3.2: *Überlebensrate von 1.000 geschlüpften Forellenbrütlingen. Die Mehrzahl erreicht das Ende des 1. Lebensjahres nicht. Die Zahlen mit Stern beinhalten auch Forellen, die zum Meer abwandern.*

Aus den Eiern geschlüpft	1.000
nach 3 Monaten	250
am Ende des 1. Lebensjahres	125
2.	75 *
3.	30 *
4.	9
am Ende des 5. Lebensjahres	5

Besetzen von Gewässern mit Forellen

Viele Bachläufe haben noch keinen natürlichen Forellenbestand wiedererlangt, wie sie ihn besaßen, als sie noch sauber und mit reicher Struktur ausgestattet waren. Die Erklärung liegt im Fehlen geeigneter Laich- und Aufwuchsplätze oder in einer Reihe noch vorhandener Hindernisse, so daß diese wichtigen Bachstrecken nicht erreicht werden können (Kap. 4: Fließgewässer müssen durchgängig sein). Bis ein guter Zustand des Gewässers erreicht ist, ist es also nötig, mit Besatzfischen nachzuhelfen. In dänischen Bächen richten sich die Besatzzahlen nach einem Schema, das vom Institut für Binnenfischerei des Landwirtschafts- und Fischereiministeriums entwickelt wurde.

Am zweckmäßigsten ist es, mit möglichst jungen Fischen, also Fischbrut oder Sömmerlingen, zu besetzen. Nach Katastrophen, wie abwasser- oder giftbedingten Fischsterben, ist es aber angebracht, einen gemischten Bestand kurzfristig wieder aufzubauen und auch ältere Fische zu besetzen. Das Besatzschema richtet sich nach der Produktionskraft des jeweiligen Gewässers (in Anlehnung an Tab. 3.1), ein Beispiel gibt Bild 3.2.

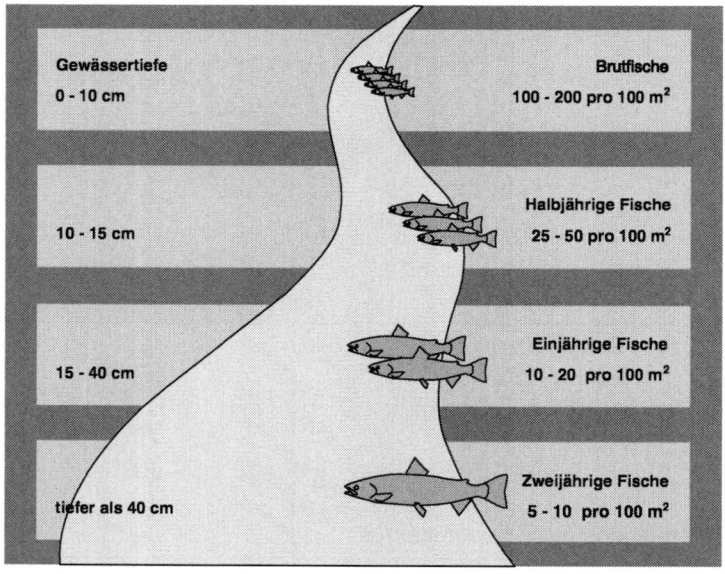

Gewässertiefe	Brutfische
0 - 10 cm	100 - 200 pro 100 m²
10 - 15 cm	Halbjährige Fische 25 - 50 pro 100 m²
15 - 40 cm	Einjährige Fische 10 - 20 pro 100 m²
tiefer als 40 cm	Zweijährige Fische 5 - 10 pro 100 m²

Bild 3.2: *Abhängig von der Größe und Struktur des Gewässers werden Besatzpläne entwickelt.*

Wenn Forellen laichen

Forellen und andere lachsverwandte Fische laichen (d.h. sie legen ihre Eier) im Spätherbst und Frühwinter. Während dieser Periode steigt die Wasserführung wieder, das Wasser ist normalerweise kühl und sauerstoffreich. Die Eier werden in Kiesbänken eingegraben und zwar meist beginnend am bachaufwärts gerichteten oberen Teil einer Rausche. Die Kiesbänke, in denen abgelaicht wird, werden Laichbetten genannt.

Das Forellenweibchen wählt einen geeigneten Bereich aus und beginnt mit heftigen Schwanzschlägen, eine Rinne in den Kies zu graben. Kies, Geröll, Sand und Schlamm werden aufgewühlt und von der Strömung sortiert. Die Feinpartikel werden weggeschwemmt, während Kies und Geröll gleich abwärts zu einem aufgelockerten Haufen geschichtet liegenbleiben. Die freigelegte Rinne ist dann quasi das „Nest". Meist warten mehrere Männchen bei einem grabenden Weibchen (Bild 3.3). Wenn das Nest eine ausreichende Abmessung erreicht hat, läßt sich das Weibchen hineinsinken. Während es seine Eier ablegt, schwimmen die Männchen heran und geben den Samen ab. Die Strömung wirbelt den Samen umher und sorgt so dafür, daß der größte Teil der Eier befruchtet wird.

Bild 3.3: Das Forellenweibchen gräbt eine Grube in das Laichbett, während die Männchen warten.

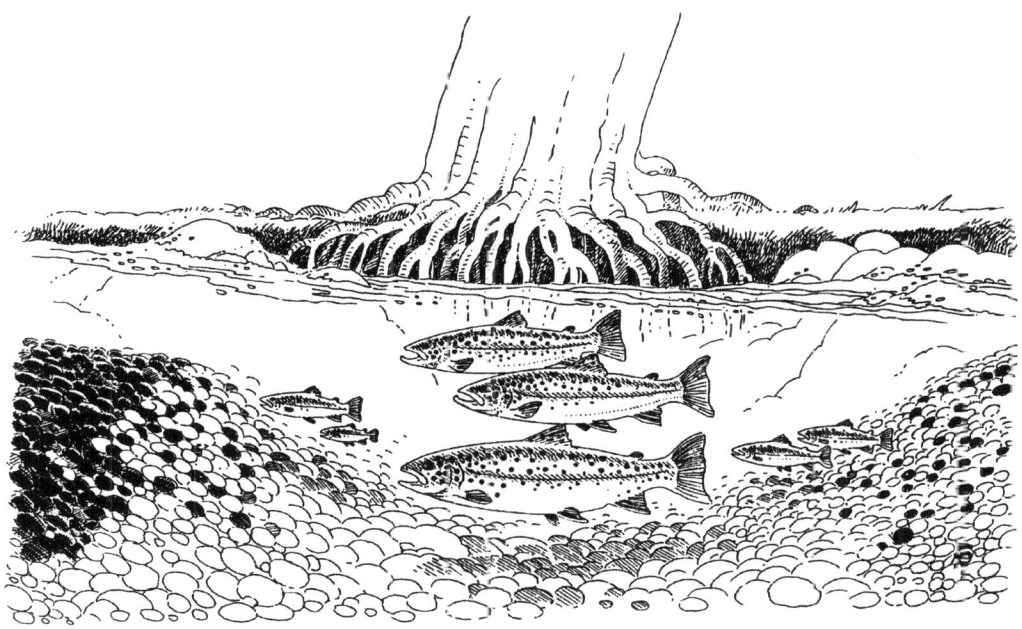

Direkt danach schlägt das Weibchen mit heftigen Schwanzschlägen etwas bachaufwärts Kies und Geröll über das Nest.
So werden die Eier von einer sauberen Schicht abgedeckt, die
etwa 15-20 cm dick ist (Bild 3.4).

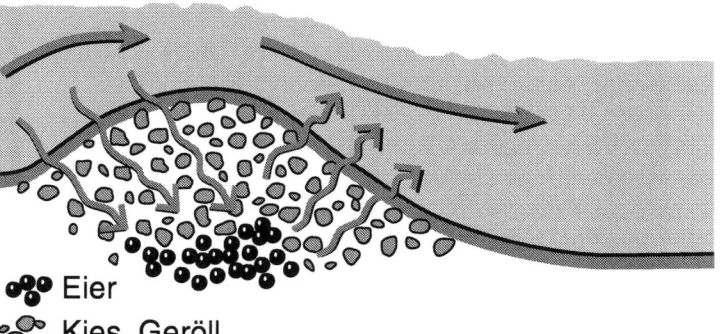

Bild 3.4: Das Wasser
muß frei durch das
Laichbett strömen kön-
nen.

Eier

Kies, Geröll

Dieser Laichakt wiederholt sich mehrere Male, jedesmal gräbt
das Weibchen ein Nest. Zuletzt kann die gesamte Rausche aus
Nestern bestehen. Mit etwas Übung sind sie leicht zu erkennen, da die zuvor mit Algen bewachsenen Steine nicht mehr
dunkel aussehen, sondern hell gewaschen sind. Etwa teller-
große helle Flecken im Kiesgrund zeigen ein solches Forellen-
nest an (Bild 3.5). Oberhalb jeden Nests ist meist noch die
Aushöhlung erkennbar, die vom Ausgraben der Überdeckung
entstanden ist.

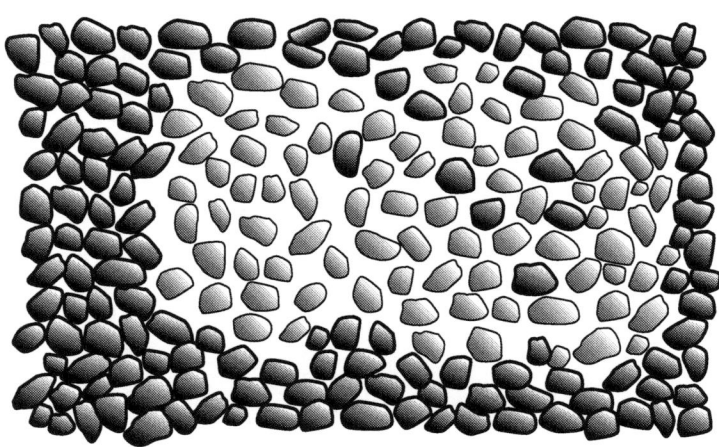

Bild 3.5: Laichplätze
heben sich durch
„gewaschenes", helle-
res Steinmaterial vom
umgebenden Gewäs-
sergrund ab.

Während des Winters entwickeln sich die Eier und im Frühjahr schlüpfen die Fischlarven. Die Forelleneier benötigen dafür sogenannte 459 „Tagesgrade", das heißt abhängig von der Wassertemperatur ist die Zeit unterschiedlich lang. Wenn die Durchschnittstemperatur zum Beispiel 5 °C beträgt, sind mindestens 3 Monate erforderlich, um die Larven schlüpfen zu lassen (459 Tagesgrade geteilt durch 5 ergibt 92 Tage). Frisch geschlüpfte Larven haben eine Starternährung im Dottersack, die etwa 20 Tage ausreicht. Erst danach kommt die jetzt Brutfisch genannte Forelle aus dem Kies. Das heißt, die Jungforelle bringt ihre ersten 4 Monate im Kies zu. Dies zeigt, welch hohe Ansprüche an Bachoberläufe zu stellen sind, damit sie wieder als naturnah angesehen werden können.

Laichbetten

Das Material des Gewässergrundes wird von der Strömung zweimal sortiert - zuerst wenn das Forellenweibchen die Grube gräbt, danach wenn es die Grube mit den Eiern zudeckt. Da die Feinpartikel fortgewaschen werden, sind im Nest weniger Feinpartikel zu finden, als im übrigen Gewässerbett. Durch den gereinigten Kies kann das Wasser frei durchfließen und die Eier und später die geschlüpften Larven mit Sauerstoff versorgen.

Es ist die Leistung des Forellenweibchens, die diese gute Sauerstoffversorgung ermöglicht. Jedoch wird nicht nur Sauerstoff in das Kiesbett transportiert, sondern auch Sand und Feinpartikel. Hierdurch können die Poren verstopfen mit dem Resultat, daß die Eier ersticken. Es ist also wesentlich, daß ein Bach nicht im Übermaß Sand und Feinpartikel transportiert. Hier kann man die Bedeutung einer angepaßten Landnutzung und erosionsgeschützter Ufer durch Erlenwurzeln erkennen. Nur bei solch stabilen Situationen, wie sie für naturnahe Bäche charakteristisch sind, kann sich die Bachlebensgemeinschaft erfolgreich aufbauen.

Wenn die Brütlinge im Frühjahr das Laichbett verlassen und in das Freiwasser kommen, beginnt für sie ein neuer Lebensabschnitt. Sie müssen einen Versteckplatz finden, der Grundlage für ihr „Territorium" ist. Kleine Steine, Ästchen und Wasserpflanzen bieten solche Möglichkeiten (Bild 3.6). Brutfische, denen es nicht gelingt, ein Versteck und einen Standplatz zu finden, sterben schnell.

Bild 3.6: Die Jungfische verstecken sich hinter Steinen; je mehr Steine, desto mehr Forellen.

Üblicherweise bewohnen die Brutfische die Rauschen, während die Kolke und tiefen Rinnen von den größeren Forellen besetzt sind. Sobald ein Kleinfisch in den Kolk gerät, wird er früher oder später von den Großforellen aufgefressen. Wenn jedoch ein Bach aus irgendeinem Grund frei von Großforellen ist, besiedeln die Brutfische auch die tieferen Standplätze (Bild 3.7).

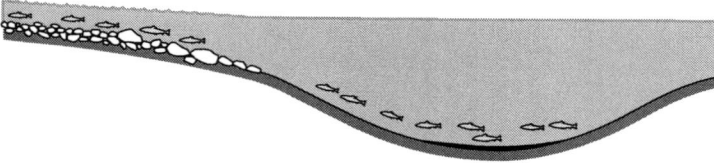

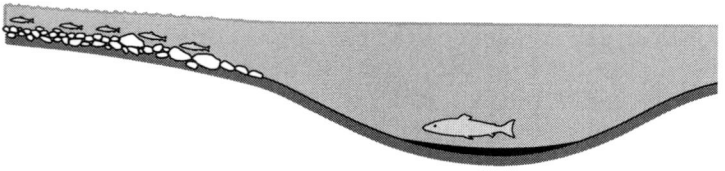

Bild 3.7: Große Forellen verhindern, daß kleine die Kolke besiedeln.

Neu angelegte Laichplätze

Die Zahl ursprünglich vorhandener Laichplätze ist in unseren Fließgewässern katastrophal verringert worden. Sie wurden während der Begradigungen und Vertiefungen ausgebaggert und viele weitere wurden durch harte Gewässerunterhaltung vernichtet. Bei einer Untersuchung der Kastberg Au am Randers Fjord, Jütland, wurden z.B. 1990/91 in einer 17 km langen Strecke nur 122 Laichplätze festgestellt. 90 % dieser Strecke ist ausgebaut und hier befinden sich pro km Fließstrecke nur 5,2 Laichplätze. In den kurzen, nicht ausgebauten Strecken konnten 22,2 Laichplätze pro km gefunden werden.

92 % der Laichplätze waren auf 8 Kernbereiche innerhalb 1,5 km Bachstrecke konzentriert, das heißt auf nur 8 % des Fließweges.

Neue Laichplätze können angelegt werden, indem Kies- und Geröllbänke in den Bach eingebracht werden. Dabei ist es natürlich wichtig, eine Stelle mit den richtigen Bedingungen zu wählen. Die Strömung muß stark genug sein, einen ausreichenden Wasserzufluß zu den Eiern zu gewährleisten, es dürfen nicht übermäßig Sand und Feinmaterial herangeführt werden. Darüberhinaus muß der Laichplatz mit geeignetem Gefälle und ausreichender Länge ins Gewässer ausgebracht werden. Weiterhin soll die Eisenkonzentration des Wassers unter 0,5 mg/l liegen, besser noch unter 0,2 mg/l.

Das Material soll mehrere Korngrößen aufweisen und so groß im Durchmesser sein, daß es bei Hochwässern nicht fortgespült wird. Die unterschiedlichen Kornfraktionen stützen einander und geben dem Bett mehr Stabilität. Es ist zweckmäßig, das Material so zeitig vor der Laichzeit auszubringen (Sommer bis Frühherbst), daß die Strömung schon Umlagerungen vornehmen kann, bevor das erste Nest gegraben wird. Andere Ausbringzeiten sind allerdings auch nicht von Nachteil; man „verpaßt" vielleicht eine Forellenlaichzeit, hat aber die Phase für Äschen, Bach- oder Flußneunaugen noch vor sich.

Verhältnisse in naturnahen Laichbetten

Gute Hinweise, wie neue Laichplätze anzulegen sind, kann man aus vorhandenen, funktionierenden Laichgebieten gewinnen. Intensive Untersuchungen in Dänemark haben gezeigt, daß die Wassertiefe meist 10-20 cm beträgt, selten über 30 cm. Die mittlere Strömungsgeschwindigkeit liegt bei 50-70 cm/s, kann aber zwischen 30 und 110 cm/s schwanken. Dabei ist auch direkt über Grund eine schnelle, turbulente Strömung wirksam. Das Gefälle über die Länge der Laichplätze wurde mit 2-17 ‰ festgestellt. Das von den Forellen gut angenommene Laichsubstrat war im Mittel 25 cm dick, variierte aber durchaus zwischen 10 und 50 cm. 70 % des Steinmaterials hat eine Korngröße zwischen 2 und 63 mm Durchmesser, das Mittel liegt bei 16 mm (Tab. 3.3). Die Masse des Kieses mißt 10-20 mm im Durchmesser. Die Mehrzahl der Kiesel ist unregelmäßig geformt, eine wichtige Eigenschaft, da solche Partikel mehr und größere Porenräume ermöglichen als runde.

Tab. 3.3: Korngrößen des Gewässergrundes in verschiedenen Laichgebieten

Gewässer	Probenzahl	Mittlerer Korndurchmesser	%-Anteil unter 2 mm	%-Anteil über 63 mm
Hagenstrup Bach	6	17,3	20,5	7,8
Skibelund Bach	3	18,3	18,0	4,7
Bur Mühlenbach	5	13,7	25,6	3,4
Jordbro Au	3	16,0	27,7	10,0
Tungelund Bach	3	21,7	15,8	20,0
Rabis Bach	3	11,3	31,0	2,0

Weitere Untersuchungen haben diese Daten bestätigt, wobei sich oft herausstellte, daß der Abstand zwischen guten Laichplätzen etwa dem 5-7fachen der Bachbreite beträgt, also der üblichen Entfernung zwischen Rauschen in naturnahen Gewässern.

Diese Erkenntnisse geben gute Anhaltspunkte zur Neuanlage von Laichplätzen. Je näher man naturnahen Bedingungen kommt und so die natürlichen Kräfte des Gewässers aktiviert, desto stabiler und geeigneter sind die Laich- und Aufwuchsbedingungen.

Maßnahmen für die Einrichtung von Laichgebieten

Das Einrichten von neuen Laichgebieten ist eine der wichtigen Renaturierungsmaßnahmen wie sie im Dänischen Wasserrecht seit 1982 beschrieben sind. Schnell wurden Versuche unternommen, wie solche Hilfen am besten hergestellt werden können. Verschiedene Ansätze wurden zunächst im Bereich von Wehren erprobt, da hier aufgrund des hohen Gefälles gute Versuchsbedingungen herrschen. Viele Wehre wurden so inzwischen in Sohlgleiten umgeformt. Um günstige Strömungsbedingungen zu erzielen, wurde ein schmaler mittiger Niedrig-/Mittelwasserbereich angelegt und die Seiten wurden höher angefüllt. Je nach örtlicher Situation muß man sich darüber klar sein, daß einige Laichplätze vielleicht nur ein Jahr erfolgreich Brütlinge produzieren, bevor sie zugesandet sind. Andere erhalten sich dauerhaft.

Bild 3.8: *Neue Laichplätze im Mühlenbach von Tarm*

Die Anlage von Laichplätzen bietet sich in den meisten Gebieten für den Spätsommer an, wenn die Uferbereiche trocken genug sind, um das Material mit Fahrzeugen anzutransportieren. Dieser Zeitpunkt ermöglicht auch der Strömung, die Steine vor der ersten Laichzeit zu sortieren. Abhängig von der örtlichen Situation wird der gesamte Gewässergrund mit Steinen bedeckt, in Gebieten mit Überbreiten seitliche Einschüttungen vorgenommen. Letztere können auch wechselseitig vorgenommen werden, um einen schlängelnden Bachverlauf zu provozieren. In Einzelfällen können auch nur Steinhaufen eingebracht werden, die nicht die Bachbreite überdecken.

Durch Einengen des Bachquerschnitts wird die Strömungsgeschwindigkeit je nach Notwendigkeit beschleunigt. An solchen Stellen ist es dann erforderlich, die Ufer mit Steinen zu stabilisieren. Hintergepflanzte Erlen übernehmen mittelfristig einen ausgezeichneten Uferschutz und bieten mit ihren Wurzeln außerdem hervorragende Verstecke für die Bachbewohner.

Die besten Laichplätze

Eine wichtige Größe für geeignete Laichplätze ist das Gefälle. Es soll in den meisten Fällen ja kein übermäßiger Wassereinstau oberhalb erfolgen. Untersuchungen ergaben, daß in kleinen Bächen mehr als 4 ‰ günstig sind, während in größeren Gewässern das Gefälle nicht unter 1,5 ‰ liegen sollte. Die Laichplätze sollten dort angelegt werden, wo das Gefälle im Bach am höchsten ist. Je flacher eine Strecke ist, desto größer müssen die Abstände zwischen den Laichplätzen sein, damit der nächst abwärts liegende den darüber nicht überstaut. Bei übermäßig eingetieften Bachbetten kann natürlich die gesamte Strecke durch Einbringen von Geröll und Kies in geeigneten Abständen als System mit Kolk-Rauschen-Abfolge gestaltet werden.

Als beste Laichplätze haben sich die die gesamte Bachbreite abdeckenden Kiesbänke herausgestellt. Hier ergaben sich am seltensten Versandungsprobleme und sie wurden auch nicht weggewaschen. Lebende Brut konnte nachgewiesen werden. Bei den seitlich liegenden Steinhaufen bildet sich meist eine daran vorbeifließende Strömungsrinne (Bild 3.9).

Die Länge der Laichplätze hat sich als wichtig gegen die Versandung herausgestellt. In kleineren Gewässern sollten sie nicht länger als 4-5 m sein, während in größeren Gewässern auch 10-15 m Länge geeignet sind, wenn das Gefälle ausreicht.

Auch der Abstand zwischen benachbarten Laichbetten bestimmt, ob Sandprobleme auftreten oder nicht. Wenn sie zu dicht hintereinander liegen, kann der Aufstau des unteren den oberen beeinflussen, so daß er zusandet (Bild 3.10). In größeren Gewässern sollte der Abstand daher mindestens viermal so groß gewählt werden, wie die Länge geplant ist. In kleinen Bächen mit ausreichendem Gefälle kann der Abstand die 1-2fache Länge des Laichbetts sein.

Das Gefälle der Laichplatzoberfläche muß in Strömungsrichtung so groß sein, daß die Strömung ausreichend Energie besitzt, um Sand wegzustrudeln. Um Aufstau zu vermeiden, sollte ein Gradient der Wasseroberfläche von 10-12 ‰ in kleinen und 6-10 ‰ in größeren Gewässern angestrebt werden.

Bild 3.9: *Beispiele für unterschiedlich eingebaute Laichbetten (Längs- und Querschnitte)*

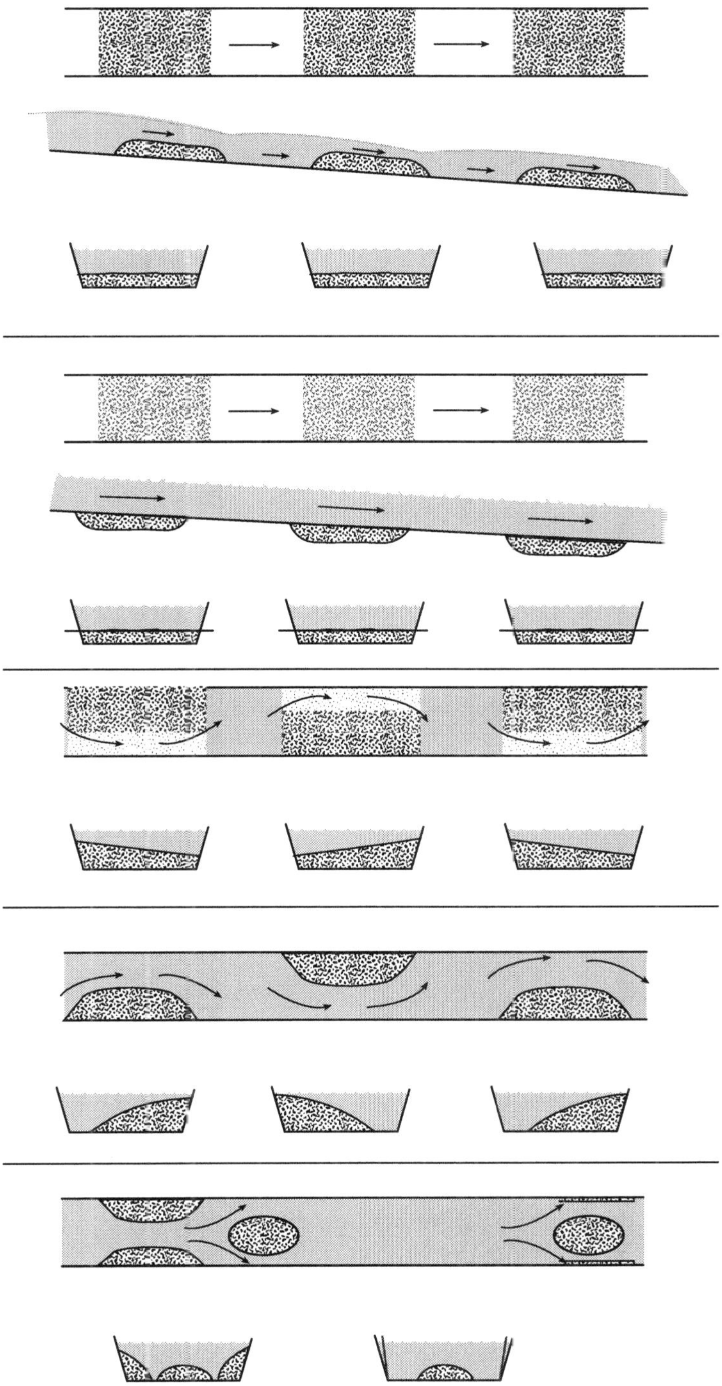

Auf der Sohle ausgelegte, waagerechte Kiesbänke

eingegrabene Kiesbänke

auf der Sohle mit wechselndem Gefälle ausgelegt

wechselseitig, als Strömungslenker eingebrachte Kiesbänke

seitlich und mittig eingebrachte, strömungslenkende Kiesbänke

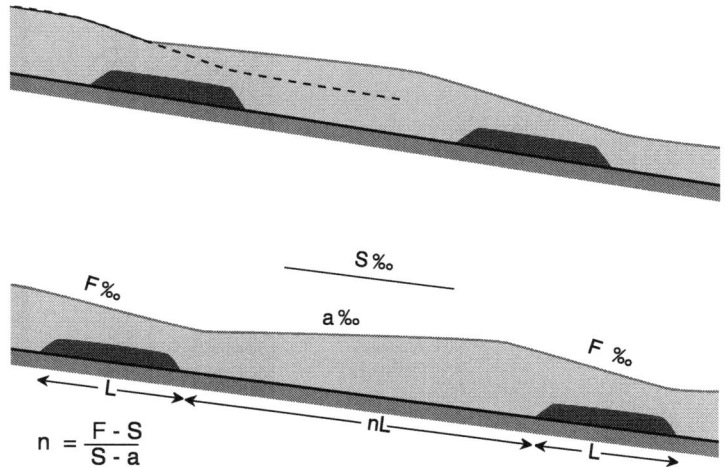

Bild 3.10: *Wenn benachbarte Laichplätze zu dicht zueinander liegen, kann ein schädlicher Aufstau entstehen. Die optimale Entfernung kann nach der Formel kalkuliert werden (S = Gefälle, F und a = Wasseroberflächengefälle.*

Wer an diesen Daten zweifelt, oder wem diese Vorgehensweise zu kompliziert erscheint, ist gut beraten, erste Versuche an seinem Gewässer durchzuführen. Es macht doch so gut wie nichts, wenn der eine oder andere Laichplatz im Versuch-und-Irrtum-Stadium nicht funktioniert. Die Anlage ist kostengünstig und jeder Versuch ist besser, als gar nichts zu tun. Nach vielen Jahren Erfahrung kann gesagt werden, daß die meisten funktionsfähigen Laichplätze nach Naturbeobachtungen vor Ort entstanden und nicht nach Berechnungen am Schreibtisch angelegt worden sind.

Sand kann Laichplätze ruinieren

Es reicht nicht aus, die Oberfläche der Laichplätze sandfrei zu halten. Es ist genauso bedeutend sicherzustellen, daß der Porenraum nicht durch Sand oder andere Feinpartikel blockiert wird. Untersuchungen in West Seeland zeigten, wie wenig Sand bereits in der Lage ist, einen Laichplatz zu ruinieren (Bild 3.11).

Es war weniger die Strömung, die die Laichbetten von Sand freihielt als vielmehr die Menge herantransportierten Feinmaterials. Dies zeigt, wie wichtig eine ordnungsgemäße Landbewirtschaftung mit guter fachlicher Praxis zur Erosionsminimierung im Einzugsgebiet ist, damit der Laicherfolg dauerhaft sichergestellt werden kann. Sowohl eine schonende

Gewässerunterhaltung als auch Randstreifen an allen Gewässern des Einzugsgebietes helfen, den Eintrag aus der Flächenerosion zu verringern. Sandfallen oberhalb von Laichgebieten dürfen nur vorübergehende Maßnahmen sein, da sie ein Wanderhindernis für die meisten Gewässerorganismen darstellen.

Bild 3.11: *Je gröber das Material im Laichbett ist, desto besser überleben die Eier mit zunehmender Tiefe. Wenn das Feinmaterial 14 % übersteigt, überlebt kein Ei.*

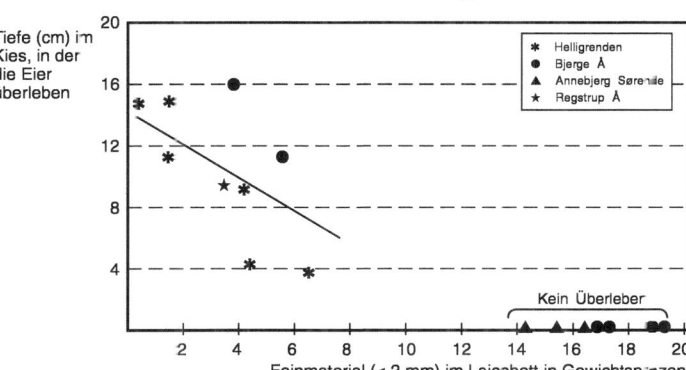

Tiefe (cm) im Kies, in der die Eier überleben

* Helligrenden
● Bjerge Å
▲ Annebjerg Sørenile
★ Regstrup Å

Kein Überleber

Feinmaterial (< 2 mm) im Laichbett in Gewichtsprozent

Erosionsschutz durch Randstreifen ist dringend erforderlich! Ordnungsgemäße Landwirtschaft mit guter fachlicher Praxis kann hier helfen.

93

Neue Laichplätze an der Gudenå

In den frühen 80er Jahren waren die Forellen- und Äschen-
bestände im Oberlauf der Gudenå viel kleiner als zu erwar-
ten war in Bezug auf die Gewässercharakteristik. Es bestand
die Vermutung, daß dies an mangelnden Laichplätzen liegen
könnte.

Daher entschloß man sich, neue Laichplätze anzulegen. 1986
wurden im oberen Bachlauf 5 neue Laichplätze ausgebracht
(Bild 3.12). Die Zusammensetzung des steinigen Materials
wurde entsprechend dem gewählt, das in natürlichen Laichplätzen gefunden wurde.

Die neuen Laichplätze erhielten eine Länge von 20 m und
eine Dicke von 40 cm. Zur Hälfte wurden sie in den Bach-
grund eingegraben, so daß 20 cm über das bisherige Bachbett
aufragten. Das Gefälle rief eine Strömung von mindestens
40 cm/s hervor. In Bachbereichen, die breiter als 3 m waren,
wurden Einengungen mit Faschinen eingebaut und über wei-
chem Moorboden wurde Vlies ausgelegt, um ein Einsinken
der Steine zu verhindern.

Bild 3.12: *Neuer
Laichplatz mit turbu-
lenter Strömung in der
Gudenå*

Oberhalb der Laichbetten wurden zwei Sandfallen angelegt,
um wandernden Sand aus oberhalb gelegenen Bereichen fern-
zuhalten. Im Jahr 1987 mußten sie fünfmal, 1988 dreimal
und danach nur noch einmal jährlich geleert werden. Diese
Abnahme an wanderndem Sand stand im Zusammenhang mit
dem Einstellen der Pflanzenmahd im Oberlauf.

Wenn die Wasserpflanzenbestände in Ruhe gelassen werden, verringert sich das Erosionspotential erheblich.

In den Laichplätzen waren lebensfähige Eier von Forellen und von Äschen nachweisbar. Dies zeigte sich kurz darauf im Bach an gestiegenen Fischzahlen. Bereits 1988 war eine große Zahl Jungforellen im Umfeld der neuen Laichplätze anzutreffen.

Die Äsche, ein Frühjahrslaicher, nutzte die Laichplätze ebenfalls so erfolgreich, daß inzwischen im Oberlauf der Gudenå ein großer Äschenbestand vorhanden ist (Bild 3.13). Da sich die Äschenbrut schnell und weit von ihrer Geburtsstelle wegtreiben lassen kann, ist die Situation dieser Fischart in weiten Teilen des Flusses verbessert.

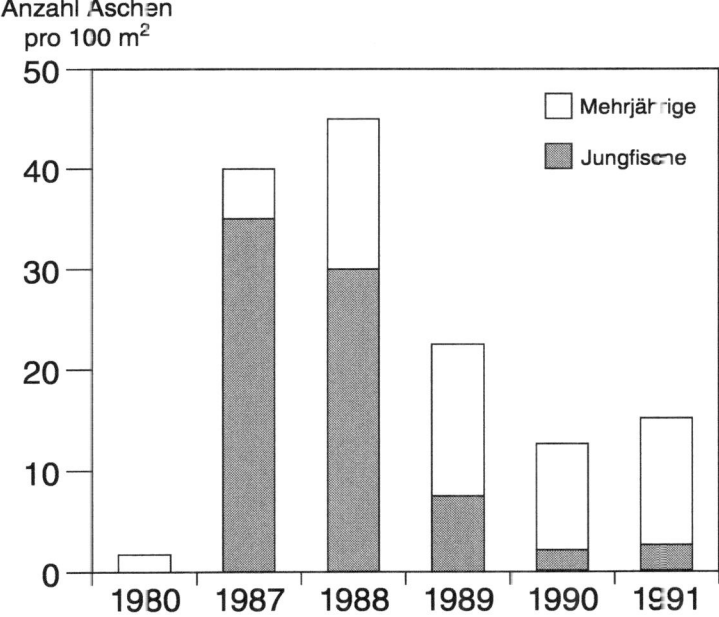

Bild 3.13: Der Äschenbestand der Gudenå hat sich durch natürliche Fortpflanzung deutlich verbessert.

Restaurieren von Laichgebieten in der Kongeå

Viele Laichgebiete sind von Eisenocker und Sand wie zementiert. Hier sind die Forellen nicht in der Lage, ihre Nester zu graben. Diese Rauschen sind vom Igelkolben so überwachsen, daß der eingefangene Sand die gesamte Rausche überdeckt.

Im Winter 1991/92 wurden Versuche unternommen, solche Rauschen zu reaktivieren. Dazu wurde ein Bagger mit einer Schaufel eingesetzt, durch die das Steinmaterial in den Bach zurückfallen kann. Durch diese Grundräumung wurden die Wurzeln der Pflanzen entfernt und Feinmaterial von der Strömung bachabwärts transportiert. Die Bodenstruktur war nun locker und der Boden wellig im Vergleich zu dem platten, harten Boden zuvor (Bild 3.14). Im folgenden Sommer war der Boden immer noch locker und die Strömung schien turbulenter wegen der welligen Bodenstruktur. Hierdurch wurde ein erneutes Zusanden verhindert.

Bild 3.14: Die Restaurierung von Rauschen veränderte das Bettprofil derart, daß geeignete Forellenlaichplätze wieder verfügbar sind.

Im Vergleich zwischen „alten" Rauschen und den bearbeiteten konnte festgestellt werden, daß im Bereich der verbesserten Rauschen doppelt so viele Jungfische anzutreffen waren.

Die neuen Laichplätze funktionieren

Der Erfolg der neuen Laichplätze ist inzwischen offensichtlich. In einer zunehmenden Zahl von Gewässern besteht nun ein sich selbst erhaltender Forellenbestand aus mehreren Jahrgangsklassen, obwohl die Elternfische von Besatzmaßnahmen stammen (Bild 3.15). Neue Laichplätze sind ein wesentlicher Faktor, um die Lebensverhältnisse im Forellenbach zu verbessern.

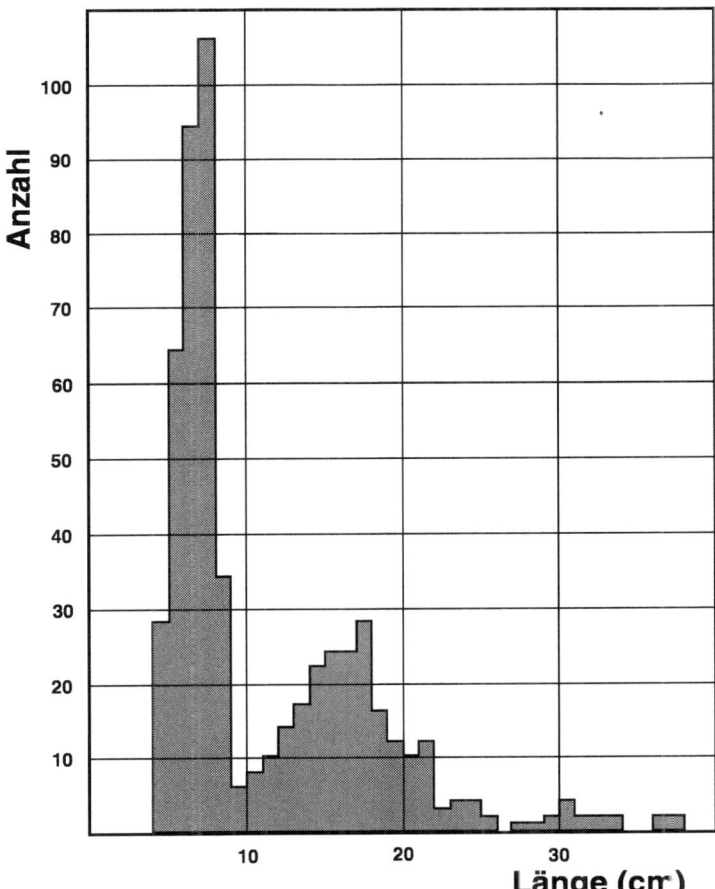

Bild 3.15: *Ein sich selbst erhaltender Forellenbestand ist in Nebenbächen der Kongeå wieder erreicht.*

Es reicht aber nicht aus, für gute Laichplätze, geeignete Verstecke und sauberes Wasser zu sorgen - die Elternfische müssen auch in der Lage sein, die Laichgebiete zu erreichen. Die Durchgängigkeit vieler Gewässer ist noch immer durch Wehre, Abstürze, Dämme usw. behindert.

Bild 3.16: *Auch „in alter Zeit" wurden Laichgebiete eingerichtet und gepflegt.*

Das nächste Kapitel gibt Beispiele, wie die Durchgängigkeit wiederhergestellt werden kann.

4. Fließgewässer müssen durchgängig sein

Viele Fischarten, aber auch die kleinen Bewohner, die Wirbellosen in Bächen und Flüssen, „wandern". Dies bedeutet, daß sie sich nicht ihr gesamtes Leben lang in demselben Fließgewässerabschnitt aufhalten. Einige Fischarten leben sogar einen großen Teil ihres Lebens in völlig anderen Bereichen. Lachs und Meerforelle leben zum Beispiel lange im Meer, Seeforellen in größeren stehenden Gewässern und Aale werden weit von hier entfernt im Meer (Sargasso-See östlich Mittel-Amerika) geboren. Alle diese Organismen müssen frei wandern können, sowohl flußab wie flußauf.

Auf ihrem Weg stoßen sie jedoch sehr oft auf Hindernisse, insbesondere bei der Wanderung flußaufwärts. Dies kann daran liegen, daß das Fließgewässer verrohrt ist, z.B. auf kurzer Strecke an Überfahrten, unter Straßen oder auf langen Strecken, wo das Gewässer unter landwirtschaflich genutzten Feldern oder in bebauten Bereichen verschwunden ist. Gerade in Dörfern und Städten weisen oft noch Namen darauf hin, daß hier einmal ein Bach gewesen sein muß.

Die vielen Wehre, Abstürze, Verrohrungen und Sohlschwellen in ausgebauten Gewässern können den Wanderweg für die meisten Gewässerorganismen versperren. Selbst wenn die zu überwindenden Höhenunterschiede nicht sehr groß sind, sind viele Arten bereits gestoppt. Auch für gute Springer, wie die Salmoniden, ist die Wanderung beendet, wenn unter dem Absturz ein Kolk fehlt, aus dem sie „Anlauf" nehmen können.

Echte Dämme oder Wehre, wie an Mühlenteichen, sind unpassierbar. Daher war es früher in vielen Fällen vorgeschrieben, Fischpässe zu bauen. Heutzutage bevorzugt man sogenannte Umgehungsgerinne, das sind bachähnliche Umläufe, die auch in der Sohle für Wirbellose passierbar sind, und die sich wie ein natürliches Gewässer in die Umgebung einpassen.

Für die Realisierung von freier Passage steht inzwischen eine Vielzahl von Möglichkeiten zur Verfügung.

Verrohrungen

Zu den häufigsten Wanderhindernissen gehören Verrohrungen, z.B. an landwirtschaftlichen Überfahrten oder an Straßenquerungen. Wenn die Wasserführung ausreicht und die Strömung nicht zu stark ist, können Forellen normalerweise hindurchschwimmen. Meist können sie in das Rohr aber nicht einschwimmen, da unterhalb durch Erosion ein kleiner Wasserfall/Absturz entstanden ist.

Ein Bach kann insgesamt gute Lebensbedingungen bieten, aber wegen solcher Hindernisse kann die Laichwanderung zu geeigneten Kiesbänken verhindert sein. In solchen Fällen ist es einfach, für Lösungen zu sorgen: Wenn auf das Rohr nicht verzichtet werden kann, wird unterhalb eine kleine Sohlgleite

Bild 4.1: *Hier je ein Beispiel für eine unpassierbare und eine mit Bedacht eingebaute Überfahrt.*

Bild 4.2: *So hat die Stadt Thisted ungünstige Verrohrungen verbessert.*

aus Geröll angelegt, so daß sich durchgängig eine dünne Sedimentschicht im Rohr halten kann (Bild 4.1 und 4.2). So können dann nicht nur die Fische, sondern auch Wirbellose das Hindernis passieren.

Wenn die Verrohrung lang ist, schaffen selbst gute Schwimmer die Passage nicht. In solchen Fällen ist es günstig, innerhalb des Rohres Strömungsschatten durch Einbauten zu schaffen oder Ruheräume für die Fische einzurichten.

Der Bezirk Vejle hat einfache, aber wirkungsvolle Einsätze gefunden, die Strömungsschatten und damit Ruheorte für passierwillige Fische in Verrohrungen schaffen. Dazu wird alle 1-2 m ein dem Rohr angepaßter Eisenbügel in der unteren Rohrhälfte angebracht, an den jeweils ein Brett quer zur Fließrichtung angeschraubt wird. Die Bretter sitzen wie Lamellen dem Rohrboden auf (Bild 4.3). Jedes Brett hat mittig eine Kerbe, die den Wasserabfluß bündelt. Es ist so gegen die Strömung gewinkelt, daß Forellen und andere Fische durch die Kerbe schwimmen und in den Zwischenbassins verweilen können.

Bild 4.3: *Der Bezirk Vejle montiert Holzlamellen in Verrohrungen, um Verweilplätze für aufsteigende Fische zu bieten.*

Zugang zu neuen Laichplätzen

An einem Nebenbach der Kolding Au verhinderte eine 68 m lange Verrohrung unter der Autobahn die Fischpassage. Das Gefälle war dort so groß und die Strömung so stark, daß selbst Meerforellen nicht hindurchschwimmen konnten. Während ihrer Laichwanderung im Herbst stapelten sie sich geradezu unterhalb der Autobahn. Sie mußten sich mit einigen wenigen Laichplätzen auf einer 300 m langen Strecke begnügen, während oberhalb 1,5 km Bachlauf mit ausgezeichnet geeigneten Kiesbetten vorhanden sind. In dieser Situation wurden viel mehr Eier in die Kiesbänke gelegt, als diese tragen können (pro m² werden 80 Eier als tragbare Kapazität angesehen). Im folgenden Frühjahr sind dann so viele Fischlarven festzustellen, wie sie von der Strecke gar nicht beherbergt werden können. Es fehlen sowohl ausreichend Nahrung wie eine entsprechende Anzahl von Verstecken. Die Folge ist eine extreme Sterberate unter den aus dem Kies geschlüpften Brutfischen. Allein der mangelnde Raum ließ den Großteil der Fische innerhalb kurzer Zeit absterben.

Daraufhin baute das Amt Vejle 1990 einen kleinen Stau unterhalb der Verrohrung, der den Wasserspiegel im Rohr etwas anhebt und die Strömungsgeschwindig soweit verringert, daß die Meerforellen passieren können. Bereits in der Laichsaison 1990/91 konnten die Meerforellen die oberen Laichplätze erreichen. Die Fischzahl und auch die abgelaichte Eizahl war nicht größer als in den Vorjahren, aber da sich die Eier auf eine viel größere Fläche verteilten, konnte die Produktionsleistung des Baches genutzt werden. Seit dieser Saison überleben sehr viel mehr Brütlinge. Bei einer Schätzung in 1991 lag die Zahl der Brutfische pro 100 m² etwa 3mal höher als in 1990 (Bild 4.4). Dagegen war der Laichfischbestand 1990 und 1991 zahlenmäßig gleich.

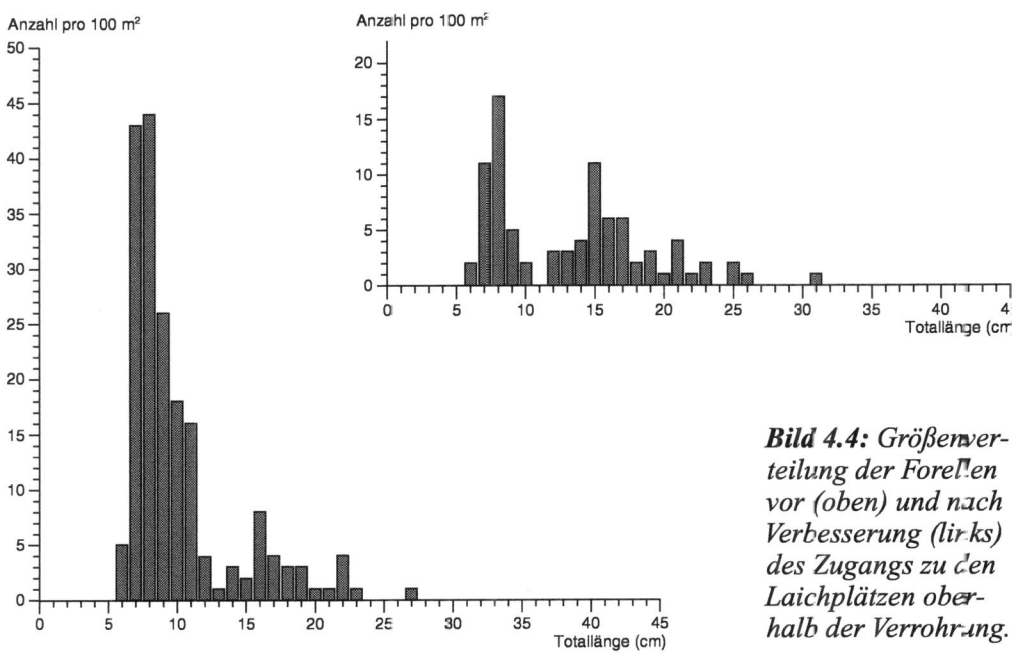

Bild 4.4: Größenverteilung der Forellen vor (oben) und nach Verbesserung (links) des Zugangs zu den Laichplätzen oberhalb der Verrohrung.

103

Dieses Beispiel zeigt drastisch, wie bedeutsam die kleinen und kleinsten Bäche eines Einzugsgebietes für den Forellenbestand sind. Es trifft auf viele Gewässersysteme zu, deren Oberlaufbereiche durch Verrohrungen verschwunden oder zerstückelt sind. Ohne die großflächigen Laichareale der langen Fließstrecken kleiner Bäche sind die Fischbestände größerer Gewässer nicht dauerhaft entsprechend der hohen potentiellen Produktivität zu sichern.

Reaktivieren beerdigter Gewässerstrecken / Freilegen verrohrter Strecken

Bei langen verrohrten Gewässerstrecken ist es meist nicht nur die Strömung, die die Fischwanderungen verhindert. Manche Arten, insbesondere aus der Gruppe der Maränen (Coregonen), wollen nicht durch dunkle Röhren schwimmen. In vielen Gewässerverrohrungen sind Absturzschächte eingebaut, in denen das Wasser abstürzt. Hiermit werden Gefällegradienten in der Rohrleitung aufgefangen (Bild 4.5). Keine Forelle kann ein solches Hindernis überwinden, ganz zu schweigen von schwächeren Schwimmern. Beim Freilegen verrohrter Strecken bietet es sich an, gleich ein gewundenes Gewässerbett herzustellen (Bild 4.6).

Bild 4.5: *Absturzschacht. Das „Wehr" im Rohr.*

Bild 4.6: *Ein verrohrter Bach wurde freigelegt. Hier müssen noch Kiese und Gerölle eingebracht werden, die sich der Bach freigestrudelt hätte, wäre das Bett durch Eigendynamik entstanden.*

Tiere finden den „neuen" Bach schnell

Wirbellose leben im Fließgewässer ein gefährliches Leben. Die Strömung kann sie leicht wegschwemmen. Manchmal ist das Gewässer voll von driftenden Organismen, besonders in den Abend- und Morgenstunden. Dies wird von den Fischen genutzt, die im Schutz von Wasserpflanzen oder Steinen auf herantreibende Nahrungsorganismen warten (Bild 4.7).

Bitte daran denken!

Das Ausbaggern von Boden (a), - egal, ob beim früheren Gewässerausbau zur Entwässerung oder heute zur Renaturierung - entfernt aus dem Profil Grobmaterial (b), das dem Gewässer bei Eigenentwicklung zur Verfügung gestanden hätte. Weil feine Bodenpartikel schneller abtransportiert werden, reichern sich dabei gröbere Kornfraktionen scheinbar an. Fließgewässer bilden sich damit eine erosionsschützende Geröll-/Kiesschicht am Gewässergrund (c).

Ist ein naturnaher Lebensraum das Ziel, muß bei Baggerungen zur Renaturierung dem Profil also „die gestohlene Steinfraktion" zurückgegeben werden. Dies gilt um so mehr beim Restrukturieren unserer heutigen überbreiten und übertiefen kanalartigen Sandwüsten.
(in Anlehnung an Altmüller & Dettmer 1996)

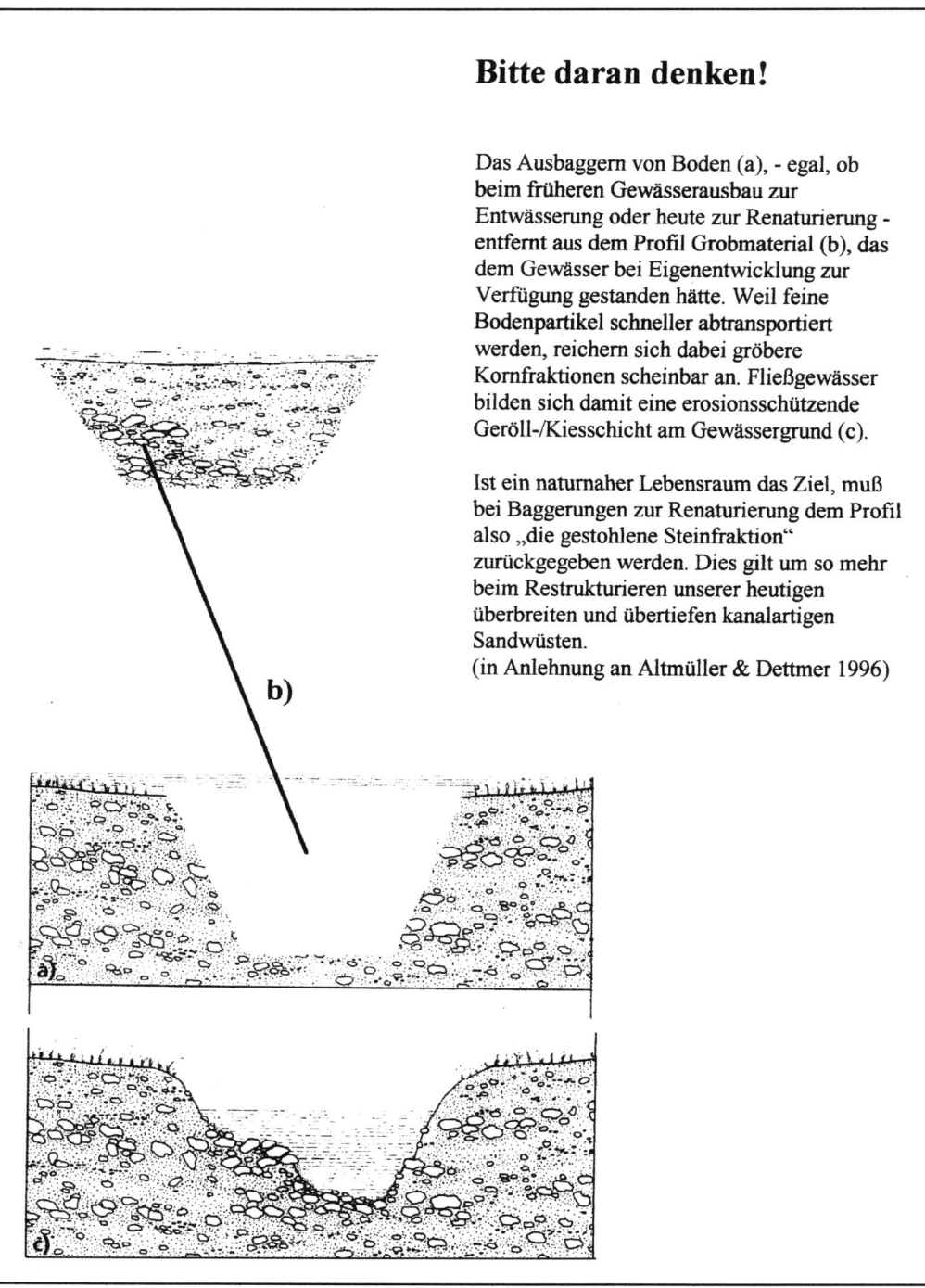

b)

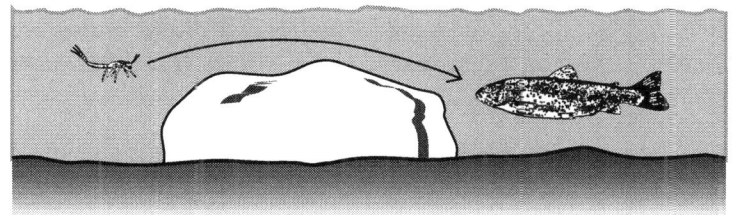

Bild 4.7: Forellen fangen herandriftende Wirbellose.

Durch die Drift flußabwärts könnte der Eindruck entstehen, daß Bachoberläufe an Organismen verarmen und diese in Seen und Küstenbereichen enden. Dies geschieht jedoch nicht, da die Wirbellosen unterschiedliche Strategien besitzen, um die Abdrift auszugleichen. Einige Arten, wie die Bachflohkrebse (Bild 4.8), sind effektive Schwimmer, die manchmal in großer Zahl bei der Aufwärtswanderung im Uferbereich

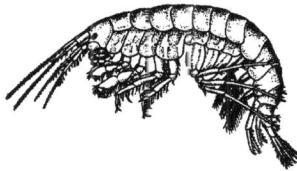

Bild 4.8: Der Bachflohkrebs

zu beobachten sind. Sie sind eine bedeutende Nahrungsquelle für die Forellen, das in ihnen enthaltene Carotin gibt den Fischen die charakteristische rote Fleischfärbung.

Die Insektenlarven wandern ebenfalls aufwärts, aber in der Regel unsichtbar im Porenraum des Gewässerbodens. Auffällig sind ihre „Hochzeitsflüge" bachauf, bei der die begatteten Weibchen mit den Eiern die nächste Generation transportieren (Bild 4.9).

Bild 4.9: Abdrift und Hochzeitsflug im Lebenszyklus einer Eintagsfliege

Jedoch gelingt es nicht jeder Art leicht, „neue" Gewässer zu besiedeln. Einige Köcherfliegen bleiben so dicht an ihrem Lebensgewässer, daß es sehr lange dauert, bis sie in andere

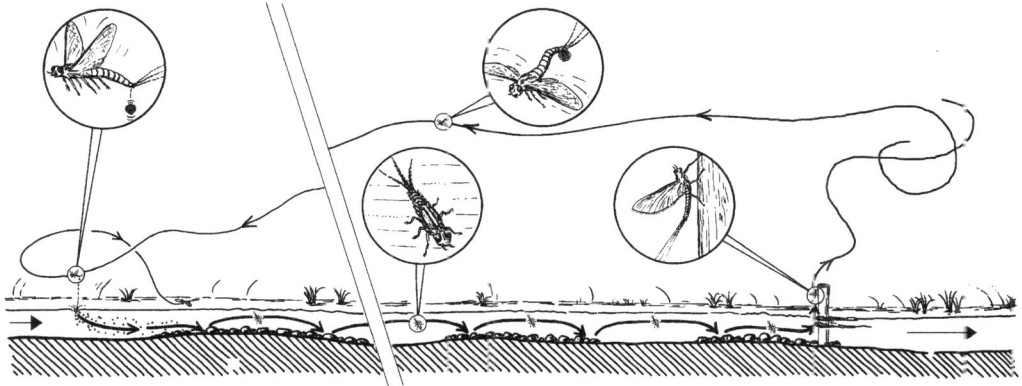

Gewässer gelangen. Schlechte Flieger, wie die Steinfliegen, können kaum von einem Einzugsgebiet in ein anderes wechseln.

Dennoch werden vorher verrohrte Gewässer schnell von allen Seiten wiederbesiedelt. Wichtig ist allerdings, daß keine Trennung durch Wanderhindernisse vorhanden ist. Auch zeitweise trockenfallende Bachstrecken sind produktive Gewässer, solange bei erneuter Wasserführung ein Zuwandern von Organismen aus tiefer gelegenen Abschnitten möglich ist (Bild 4.10). Gerade diese oft langen Strecken werden in ihrer Bedeutung bis heute unterschätzt (NUA 2000).

Bild 4.10: *Auch eine trockenfallende Bachstrecke kann wiederbesiedelt werden. Dazu müssen vorhandene Wanderhindernisse aber beseitigt und neue vermieden werden.*

Rauschen anstelle von Abstürzen und Wehren

Einer der häufigsten Störfaktoren für die Durchgängigkeit von Fließgewässern ist der stufenförmige Absturz. Dies kann ein Wehr, eine Absturzkante, eine Pfeifenbring-Sohlschwelle mit mehreren Abstürzen oder ein simpler Rundholzbalken sein, wodurch die Gewässerorganismen in ihrer Wanderung stromauf gestoppt werden.

Einer der ersten Wasserläufe in Dänemark, an denen solche Hindernisse systematisch abgebaut wurden, ist die Hjortvad Au, ein Bach, der durch die Bezirke Südjütland und Ribe fließt. Als der Bach in den 50er Jahren ausgebaut wurde, baute man auf ca. 17 km Fließstrecke 14 Betonstufen ein.

Der Hauptgrund für die Wahl dieses Baches für erste Verbesserungen lag in seiner früheren Bedeutung als Laichgebiet für den Schnäpel, auch „Wattenmeer-Lachs" genannt, der noch vor wenigen Jahren unmittelbar vor dem Aussterben stand.

Um Erfahrungen zu sammeln, wie solche Betonabstürze am besten umgewandelt werden können, wurden drei Beratungsfirmen eingeschaltet, die völlig unterschiedliche Vorschläge erarbeiteten. So wurde an jedes dieser Büros der Auftrag erteilt, 2 Abstürze umzubauen. Die Umwandlung dieser ersten 6 Abstürze in Rauschen kostete 1,4 Millionen dänische Kronen. Die neuen Rauschen wurden schnell von Pflanzen wie Hahnenfuß und Laichkraut besiedelt, die gute Verstecke für die Fische und gute Lebensbedingungen für Wirbellose bieten.

Bevor die Rauschen vorhanden waren, lebten im Umfeld der 3 obersten Abstürze nur wenige Forellen. Bereits im Jahr nach dem Umbau war der Bestand gestiegen (Tab. 4.1). Darüber hinaus waren nun im Bereich der 3 obersten Rauschen 6-15mal mehr Forellenbrütlinge nachzuweisen, es war also seit langem erstmals wieder erfolgreich abgelaicht worden. In den Folgewintern wurden große Meerforellen auf den Rauschen beim Laichen beobachtet und anschließend konnten ca. 50 Laichplätze gezählt werden. Auch der Schnäpel kann jetzt über die neuen Rauschen aufwärts wandern, und Schulen von 600-1000 Fischen wurden beim Laichaufstieg gesehen.

	Vor dem Umbau 1987	Nach dem Umbau 1988
Rausche 1	8	55
Rausche 2	10	54
Rausche 3	16	52
Rausche 4	6	17
Rausche 5	2	29
Rausche 6	>1	21

Tab. 4.1: *Die Anzahl Forellen stieg an, nachdem die Sohlabstürze in Rauschen umgewandelt waren.*

Bild 4.11: *So wurden die Sohlabstürze in Südjütland umgewandelt. Sie wurden zerbrochen und durch Rauschen ersetzt.*

Billigere Restaurierungs-Maßnahmen

In der Folge wurden kostengünstigere Wege gefunden, um die übrigen Sohlabstürze zu überwinden. Feldsteine wurden einfach so in das Gewässer geschüttet, daß eine lange Sohlgleite entstand, die den Fischen den Weg aufwärts ermöglicht. Inzwischen ist die gesamte Hjortvad Au für Forelle und Schnäpel erreichbar. Viele vergleichbare Arbeiten wurden auch durch Beschäftigungsprogramme realisiert.

Bild 4.12: Eine abgestufte Rausche empfindet Kolk-Rausche-Abfolgen nach und hat Versteckmöglichkeiten, in denen sich die Fische aufhalten können.

Wenn es sich um hohe Abstürze handelt, muß die Rausche entsprechend lang sein. Möglichkeiten, hier zu kürzeren Bauwerken zu kommen, ergeben sich durch den Bau von gestaffelten Kolk-Rausche-Folgen (Bild 4.12).

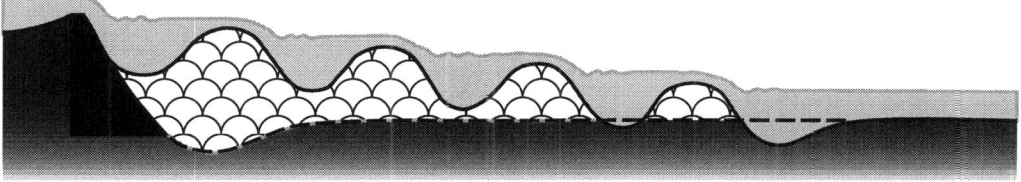

Es hat sich herausgestellt, daß viele Hindernisse bereits durch den Bau von Feldstein-Rauschen überwunden werden können. Allen gemein ist, daß im überbreit ausgebauten Bachbett eine Einengung des Niedrig- und Mittelwasserprofils vorgenommen werden muß (Bild 4.13), um dem Bach Hilfen für die eigendynamische Entwicklung zu geben.

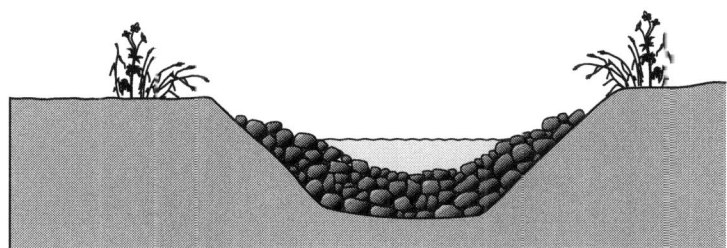

Bild 4.13: Querschnitt durch eine Rausche.

Ein besseres Gewässerbett für die Tvede Au

In der Tvede Au nördlich des Randers Fjords hat der Bezirk Århus Ende der 80er Jahre 7 Abstürze in Rauschen umgewandelt. Für die ersten vier wurden ausgefeilte Pläne erstellt, wäh-

111

rend der Rest auf Grundlage der gewonnenen Erkenntnisse unbürokratisch mit Eigeninitiative umgebaut wurde. Da seit 1977 Wirbellose in diesem Bach untersucht wurden, liegt eine langjährige Reihe von Daten vor, die eindrucksvoll die Verbesserungen dokumentieren. Auch die Fischbesiedlung wurde vor und nach dem Umbau untersucht. Vorher lebten 0,4 Forellen auf 100 m². Kurz nach Fertigstellung erhöhte sich die Zahl auf 1,3 Fische, eine immer noch sehr niedrige Größenordnung. Jedoch lebten 5 Jahre nach der Umgestaltung 36 Forellen auf 100 m², das ist ein 90facher Anstieg im Vergleich zu vorher.

Diese Zahlenverhältnisse belegen auch eindrucksvoll, daß es nicht die Bekämpfung von „Freßfeinden", wie z.B. Graureiher und Kormoran oder Hecht ist, die die Fischerträge steigen läßt, sondern primär die Verbesserung des Lebensraumes.

Durchgängigkeit an Stauanlagen

Noch vor wenigen Jahren war es üblich, an Stauanlagen, Teichen u.ä. Fischtreppen (oder -pässe) anzulegen. Diese Bauten haben jedoch sehr oft die Erwartungen nicht erfüllt. Die wandernden Organismen finden den Einstieg vom Unterwasser her oft nicht, da keine ausreichende Lockströmung erzielt wird, oder sie erreicht das Gewässer an ungünstiger Stelle. Oft können nur die stärksten Schwimmer und Springer die Fischtreppen überwinden. Kleinfische und Wirbellose haben bei den meisten Bautypen gar keine Chance, so daß nach heutigen

Bild 4.14: *Fischtreppen, hier ein Denil-Fischpaß, sollen heute nur noch ausnahmsweise die Methode der Wahl sein.*

Gesichtspunkten die meisten Alternativen hinter den Stand der Technik zurückfallen. So ist es heute sinnvoll, Fischpässe nur in außerordentlich beengten Lagen zu installieren, an denen ein bachähnlicher Umlauf in keinem Fall realisierbar ist (vgl. Hinweise auf S. 114).

An Stauwerken und Teichen errichtet man am besten Umgehungsgerinne, in denen ein Teil des Wassers um das Hindernis geleitet wird (Bild 4.15). So kann - wenn beabsichtigt - z.B. ein Mühlenteich erhalten werden und gleichzeitig ein durchgängiges Fließgewässer für Fische und Wirbellose erzielt werden. Inzwischen ist diese Lösung vielfach umgesetzt und hat sich ausgezeichnet bewährt (vgl. LfU BW 1999).

Bild 4.15: *Umlaufgewässer um Stauanlagen bieten gute Wandermöglichkeiten.*

Bild 4.16: *Dieses Bauwerk ist für Kleinfische und Wirbellose unpassierbar.*

Anordnung

Die Fischrampe sollte immer im Randbereich des Wehres errichtet werden, d.h. bei Sohlstufen direkt an der Uferböschung oder Ufermauer, bei schräg zur Flußachse verlaufenden Streichwehren oder Abstürzen im obersten, zwischen Uferböschung und Wehr eingekeilten Bereich.

Zum einen gliedert sich diese Anordnung gut in das Gesamtbild ein, zum anderen wird die Uferböschung/Mauer als seitliche Begrenzung benutzt. Ein weiterer Vorteil ist die, zumindest bei Streichwehren oft flachere Neigung der vorhandenen Sohle in diesem Bereich, was zu einem geringeren Bauaufwand führt. Auch für das Auffinden des Fischaufstieges durch die Fische ist eine Anordnung am Ufer wesentlich günstiger als in Wehrmitte.

Gesamtansicht

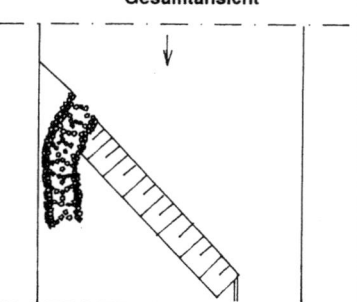

Draufsicht

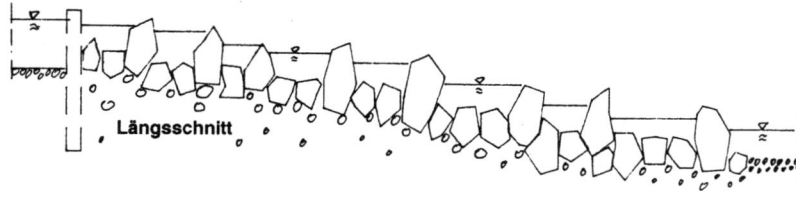

Gestaltung

Es ist eine unregelmäßige Beckenstruktur anzustreben, d.h. die Steine sind gruppenweise so anzuordnen, daß sich kleine Gumpen ergeben. Als Anhaltswert kann als Beckengröße 1·1 m mit einer Tiefe von mindestens 0.40 m gelten. Der Abfluß soll zwischen den Steinen erfolgen, ein abgelöster Überfallstrahl ist zu vermeiden.

Neigung: $I \leq 1{:}10$
im obersten Bereich ist eine flachere Neigung günstig

Abflußbreite: $b \geq 1.5$ m

Wasserbedarf: $Q \approx 70 - 100$ l/s pro m Abflußbreite

Steingröße: $0.60 - 1.0$ m

Längsschnitt

Aufbau

Der Rampenaufbau erfolgt von UW nach OW. Bei einer natürlichen Gewässersohle wird die unterste Lage in die Sohle eingebettet (Eindrücken mit Baggerschaufel). Bei einer Sohlpflasterung können einzelne hochkant gestellten Steine in das Plaster eingelassen werden. Ansonsten empfiehlt sich eine punktuelle Sicherung der Steine durch Stahlpiloten, die in die anstehende Sohle eingebunden werden. Notwendige Änderungsmaßnahmen (Herausnehmen, Hinzufügen, Umstellen von Steinen) nach einem Probebetrieb werden unumgänglich sein und sind von vornherein einzukalkulieren.

Aus: R.-J. Gebler (1991): Sohlrampen und Fischaufstiege. - Eigenverlag, Walzbachtal, S. 93.

Im Bezirk Vejle wurden die Auswirkungen solcher Umgehungsgerinne auf die Fischfauna intensiv untersucht. Ein Beispiel ist der Kvak Mühlenbach, der in die Vejle Au mündet. Der Mühlenstau hinderte früher die Forellen, ihre Laichplätze zu erreichen. Im Herbst 1991 wurde ein 170 m langer Bypass mit einem Gefälle von 14 ‰ gebaut. Als die Fischuntersuchung im Sommer 1992 durchgeführt wurde, waren oberhalb wie unterhalb gleich dichte Bestände festzustellen. Im neuen Umlauf war die Anzahl sogar noch größer - ein Zeichen für die gute Struktur dieses Gewässerteils im Gegensatz zu dem eigentlichen Bach (Bild 4.17). Hier wurde ein guter Lebensraum mit Nahrung und Verstecken insbesondere für Forellenjungfische geschaffen.

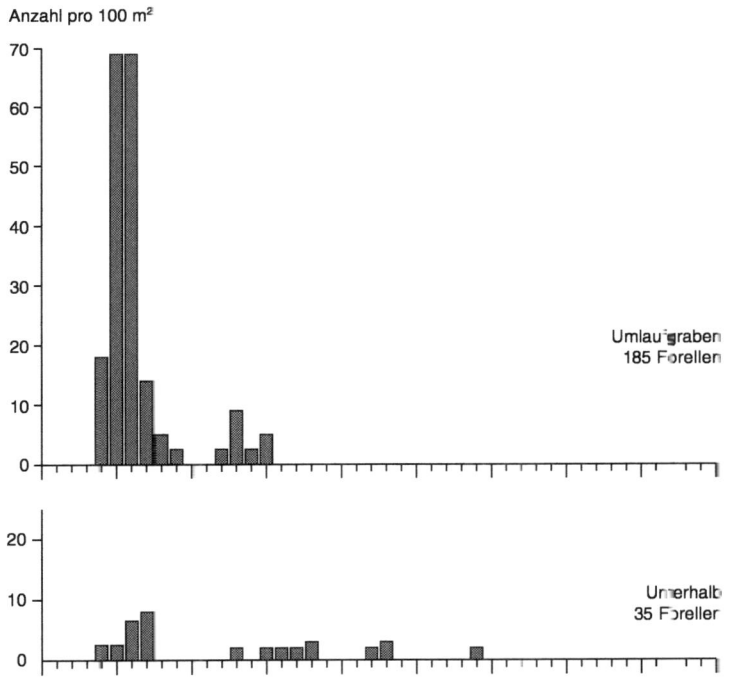

Bild 4.17: Größenverteilung der Forellen im Umfeld der früheren Kvak Mühle

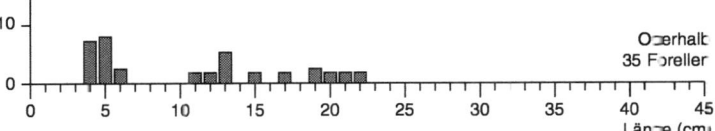

Aber auch andere Fische wie Aal, Rotauge und Flußbarsch können in den Rauschen überleben. Untersuchungen des Bezirks Vejle haben belegt, daß bis zu einem Gefälle von 30 ‰ auch schwache Schwimmer in der Lage sind, die Rauschen zu besiedeln und zu passieren.

Anfang der 90er Jahre hat der Bezirk Vejle Rauschen und Umläufe an 41 Stauanlagen errichtet, die je Projekt zwischen 100.000 und 400.000 dänische Kronen kosteten.

Eine vorangehende Prüfung, ob überhaupt (noch) ein Staurecht besteht, hat manche Situation auch ohne kostenträchtige Baumaßnahme bereinigen können.

Ausreichende Wassertiefe das ganze Jahr über

Der Wasserdurchfluß im Umlaufbach muß ausreichen, damit Fische passieren und sich verstecken können. An Daten eines Mühlenbaches bei Århus sollen die notwendigen Überlegungen vorgestellt werden. Die Breite des Umlaufs wurde auf 1,5 m ausgelegt. Bei Abflüssen von 150 l/s entspricht dies einer Wassertiefe von 20 cm, die für das Durchschwimmen von Forellen ausreicht (Bild 4.18). Um festzustellen, wie lange und wie oft diese Tiefe garantiert wäre, wurden in zweimonatigen Intervallen Messungen durchgeführt und in Abflußkurven aufgetragen. Dabei stellte sich heraus, daß eine ausreichende Wassertiefe nur in der wasserreichen Jahreszeit vorhanden ist (ca. 30 %). Daher mußte der Umlauf neu dimensioniert werden. Auch bei 0,5 m Umlaufbreite war die gewünschte Tiefe nicht dauerhaft erreichbar. Die geeignete Alternative war hier, das Gefälle des Umlaufs zu verringern, zum Beispiel durch einen geschlängelten Verlauf. So konnte für 95 % des Jahres die Zielwassertiefe garantiert werden. Durch Anlegen von Rauschen-Kolk-Folgen ist auch sichergestellt, daß die Gewässerorganismen in Zeiten geringen Abflusses Verstecke finden.

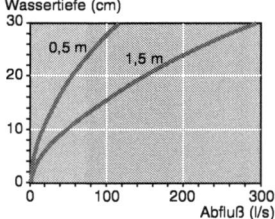

Bild 4.18: *Wassertiefen bei zwei verschiedenen Breiten des Umlaufs.*

Forellen kehren in den Hald See zurück

Der Hald See bei Viborg ist inzwischen so sauber, daß Seeforellen ihn wieder besiedeln können. Dies reicht aber nicht aus, die Seeforellen benötigen außerdem gut strukturierte

116

kleine Zuflüsse, um abzulaichen. Die kleinen Bäche waren aber zerstückelt durch Bauwerke und litten noch unter Verunreinigungen und harter Gewässerunterhaltung. Der örtliche Anglerverein hat daraufhin gemeinsam mit den Grundeigentümern große Anstrengungen unternommen, um die Laichbäche wieder herzurichten. Durch schonende Gewässerunterhaltung wurden die Bäche von breiten, träge fließenden Kanälen in schmale, strudelnde Bäche zurückverwandelt (vgl. auch Bild 3 und Foto S. 21). Als eine Fischzucht im Oberlauf eines Baches schloß, wurden dort gute Laichareale zugänglich. Jetzt brauchten die Forellen nur noch den Weg dorthin zu finden, der seit 400 Jahren von einem Mühlenteich versperrt war.

Das Umlaufgewässer wurde gebaut als 154 m langer, mäandrierender Bach mit einem Gefälle von 15 ‰, einer Breite von 40-90 cm und einer Wassertiefe zwischen 10 und 30 cm. Die aufzubringenden Mittel waren minimal, da der örtliche Anglerverein die Arbeit mit seinen Mitgliedern erledigte.

Erstmals nach 400 Jahren konnten die Seeforellen ihre oberen Laichgründe wieder aufsuchen. Bereits in der ersten Saison wurden Brutfische produziert und die Forellenpopulation ist inzwischen so groß, daß die bisher praktizierten Besatzaktionen eingestellt werden konnten (Bild 4.19). Dies zeigt, daß viele Faktoren verbessert werden müssen, z.B. die Wasserqualität im See, strukturreiche Zuflüsse und der Zugang zu den Laichplätzen.

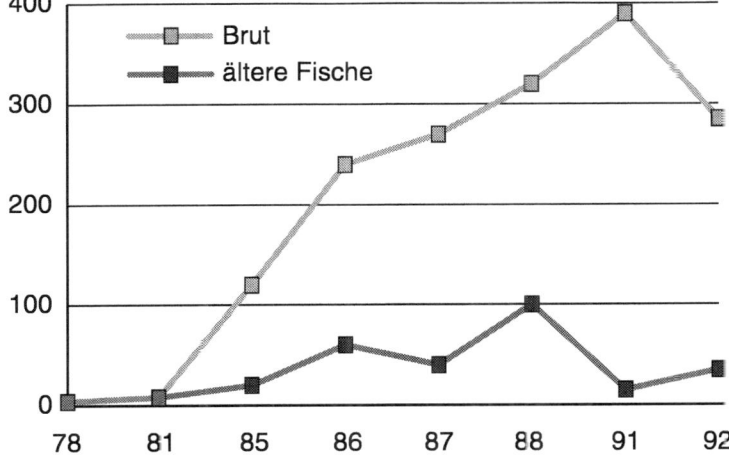

Bild 4.19: Die Anzahl von Brutfischen ist schrittweise mit den Verbesserungen angestiegen. Hier als Beispiel Zahlen für den Dollerup Bach. Angaben pro 100 m Bachlauf (=250 m²).

Ein neuer Bachlauf

Viele Wehre und Abstürze wurden gebaut, um das beim Gewässerausbau durch Laufverkürzung erhöhte Gefälle aufzufangen (Bild 4.20). Diese, die Durchgängigkeit des Fließgewässers zerstörenden Einbauten können entfernt werden, wenn dem Gewässer sein früherer Lauf zurückgegeben wird.

Bild 4.20: *Diese Abstürze wurden inzwischen durch einen wieder mäandrierenden Bachverlauf überflüssig.*

Bild 4.21 zeigt eine Situation, in der ein Bach, der Lundgaard Bach, wieder in Windungen verlegt wurde. Gleichzeitig wurde eine Fischteichanlage in einen kleinen See verwandelt, der jetzt getrennt vom Bach liegt. Dieses Teilstück des Baches war 1953 von einer 250 m langen, mäandrierenden Strecke auf 52 m verkürzt worden. Das dadurch erhöhte Gefälle wurde seinerzeit durch 2 Wehre mit jeweils 110 cm Absturz aufgefangen.

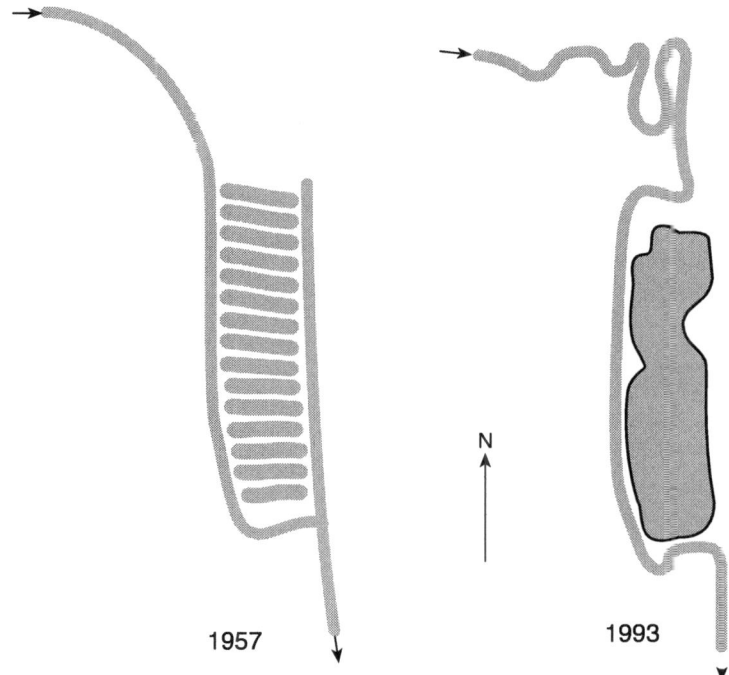

Bild 4.21: *Der Lundgaard Bach vor und nach seiner Renaturierung*

1957

1993

N

Die Landwanderer sollen nicht vergessen werden

Das Ziel „Durchgängigkeit für Gewässer" bedeutet nicht nur, Abstürze und Verrohrungen zu vermeiden bzw. wieder passierbar zu machen. Neben den Gewässerorganismen sind viele andere mit dem nassen Lebensraum verbundene Arten heute noch in ihren Wanderungen eingeschränkt. Dies gilt zum einen für Amphibien, für die zunehmend Amphibientunnel in Straßentrassen gefordert werden, um lokale Bestandszerstörungen durch den Straßentod zu beenden. Fehlendes Wissen der Vergangenheit oder Nachlässigkeit bei heutigen Planungen führt - rein unter Kostengesichtspunkten - zu ungeheurem Aufwand.

Für weitere Tiergruppen kann der Fischotter als Leitart dienen. Wird ein Wasserlauf durch eine Brücke ohne seitliche Bermen gequert (Bild 4.22), stellt sie ein Hindernis für die

119

Bild 4.22: Ein Brückendurchlaß ohne Bermen behindert über Land wandernde Tiere. Der hier sichtbare Absturz stellt auch für Wassertiere ein Hindernis dar.

sen bis zu 20 km pro Tag bzw. Nacht wandernden Marder dar. Er durchschwimmt die Strecke nicht, sondern verläßt die Aue und wechselt über die Straße. Für diese gefährdete Tierart bedeutet dies einen wesentlichen, unnötigen Todesfaktor.

Meist kann bei bestehenden Brücken leicht und kostengünstig geholfen werden. Da die Querschnitte auch für Hochwasserereignisse ausreichend dimensioniert sind, können durch Auslegen von geeignetem Stein- und Bodenmaterial knapp über Mittelwasser beidseitig Bermen hergestellt werden (Bild 4.23). Diese werden von den Fischottern als Passagemöglichkeit angenommen. Ein an vielen Standorten günstiger Nebeneffekt ist die hieraus resultierende Steigerung der Mittel- und Niedrigwassertiefe. So können gleichzeitig die Gewässerorganismen besser wandern. Falls ein glattes Betonbett vorhanden ist, kann auch dies bei der Baumaßnahme durch Einbau von Störsteinen verbessert werden.

Für neu geplante Gewässerquerungen ist heute natürlich jedem sachkundigen Planer bewußt, daß Gewässer und Auen durch offene Strukturen und nicht durch landschaftssperrende Dämme zu kreuzen sind. Dieser Grundsatz ist auch im Hinblick auf die Reaktivierung der Auen als Überflutungsraum von Bedeutung.

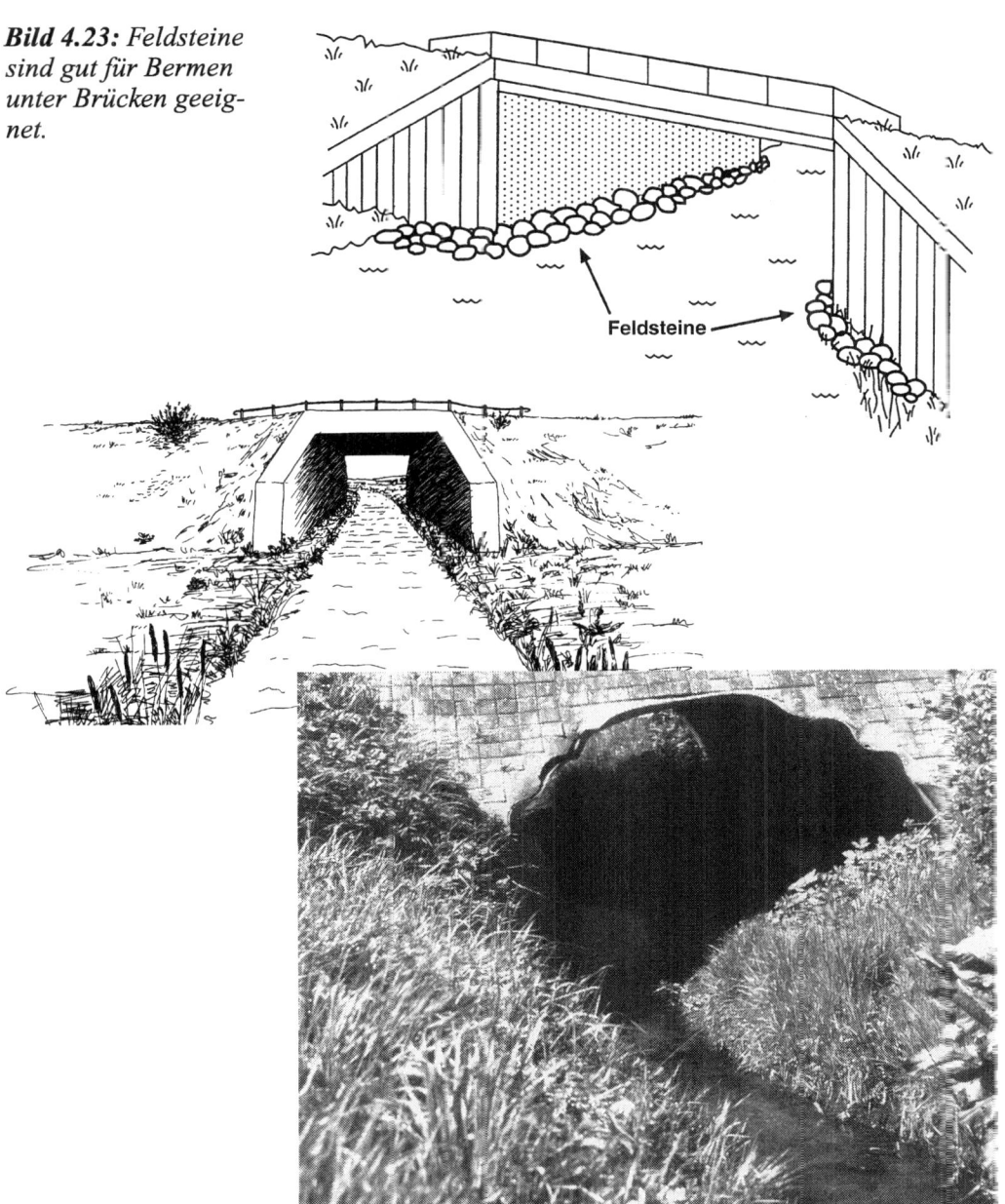

Bild 4.23: *Feldsteine sind gut für Bermen unter Brücken geeignet.*

Feldsteine

Viele heutige Probleme an den Bächen und Flüssen entstanden, als ihr natürlicher Verlauf verändert wurde. Wie solche Störungen allein durch Zurückverlegen in eine naturnähere Situation beseitigt werden können, beschreibt das nächste Kapitel.

121

5. So erhalten Fließgewässer ihre neue Form

Nur wenige Fließgewässer verlaufen noch in ihrer ursprünglichen Form. Die meisten wurden ausgebaut und haben ihre natürlichen Strukturen wie Kolke und Rauschen, Prall- und Gleithänge sowie den mäandrierenden Verlauf verloren. Sie sind heute meist zu breit und zu tief ins Gelände eingeschnitten. Dadurch sind sie instabil geworden, die Ufer brechen ab und Sandwanderungen sind die Folge. Sie stellen nur noch erbärmliche Lebensräume für Fische und Wirbellose dar und werden durch Abstürze unterschiedlichster Form unterbrochen.

Diese Gewässer versuchen immer, sich in einen naturnäheren Zustand zu verändern. Wie ihnen hierbei geholfen werden kann, soll dieses Kapitel aufzeigen.

Bereits in Kapitel 2 wurde dargestellt, wie gute Lebensverhältnisse bereits durch schonende Pflanzenmahd in kanalisierten Gewässern erreicht werden können. Eine Einengung des Gewässers im Niedrig- und Mittelwasserbett kann auch leicht erreicht werden, indem Steine seitlich eingebracht werden, um die Strömung zu lenken und so ein stärker variierendes Bett zu erzeugen. Hierfür ist selbstverständlich auch Totholz geeignet, doch muß man dabei an die Haltbarkeit denken. Etwa nach 10 Jahren wird die eingebaute Totholz-Struktur verrottet sein.

Wenn nur die Eigendynamik des Gewässers im überbreiten, übertieften Bett wirkt, kann es sehr lange dauern, bis sich Mäander neu bilden. An vielen Stellen hat es sich aber aufgrund der Eigentumsverhältnisse als machbar herausgestellt, neue Mäander herzustellen und dadurch schneller bessere Lebensverhältnisse für die Bachorganismen zu schaffen, den Sand- und Eisenockertransport entscheidend zu verringern und ein abwechslungsreiches, stabiles Bett mit entsprechendem Uferbereich zu gestalten.

Vor allem die Unterstützung der natürlichen Kräfte ist die Methode der Wahl, um wieder naturnahe Gewässer zu erhalten.

Strömungslenker

Strömungslenker können angewendet werden, um einen überbreiten Bach einzuengen und einen geschlängelten Verlauf zu erzielen. Dies kann mit Holz und/oder Steinen geschehen (Bild 5.1). Bäche mit schwacher Strömung und eintönigem Sandbett erhalten so wieder eine turbulente Strömung und strudeln sich ein unterschiedlich breites und tiefes Bett als Grundlage für reichhaltiges Pflanzen- und Tierleben. Die Methode wird seit mehr als 15 Jahren erfolgreich in bestehenden Kanalbetten wie auch an neu entrohrten Strecken durchgeführt.

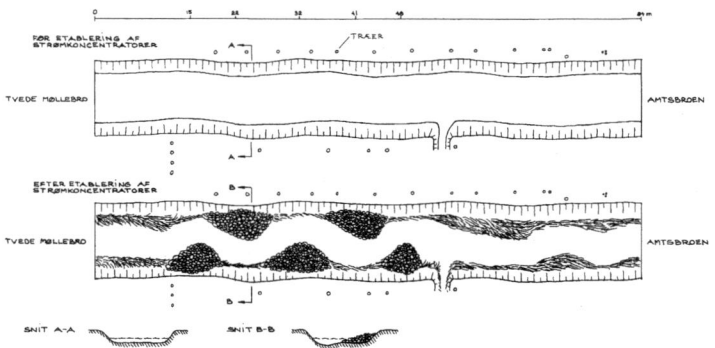

Bild 5.1: Eine Arbeitsskizze zum Einsatz von Strömungslenkern aus Holz und Steinen.

Derartige Arbeiten werden gern von lokalen Anglervereinen übernommen. Mit Steinen, die von örtlichen Landwirten stammen, ist eine außerordentlich kostengünstige Restrukturierung langer Strecken möglich. In all diesen Strecken haben sich inzwischen gute Forellenpopulationen entwickelt.

Wie die Praxis zeigt, führen die Strömungslenker nicht zu Wasserstandserhöhungen, da flächig abgelagerte Sedimente zur Seite gestrudelt werden, bis in der Rinne das eigentliche Gewässerbett erscheint (Bild 5.2). Auch unzuträgliche Seitenerosion kann vermieden werden, wenn die Prallhänge mit kleinen Erlen bepflanzt werden bzw. deren natürliche Ansiedlung nicht verhindert wird. Die Baumwurzeln bilden ein dichtes Geflecht, das das Ufer sicher schützt.

124

Bild 5.2: *Mit etwas Glück wird bei Einengung der Sandwüste der ursprüngliche Gewässergrund wieder frei. Bachtypische Arten erhalten ihren Lebensraum zurück.*

Bei Pflanzungen hat sich bewährt, nicht zu große Bäume zu wählen. Maximal 1 - 1,5 m hohe Exemplare, im Abstand von ca. 1 m gepflanzt, wachsen am besten an. Die vielleicht zu eng erscheinenden Abstände stellen einen schnell wirksamen Uferschutz sicher. Beim Größerwerden schlagen sich die Erlen Äste gegenseitig ab, so daß kein „schwarzer Tunnel", sondern ein Mosaik von Licht und Schatten wie im natürlichen Erlerbruchwald entsteht. Diese mäßige Beschattung, gekoppelt mit der erhöhten, turbulenten Strömung, verhindert übermäßiges Wachstum von Wasser- und Sumpfpflanzen, wie es vorher im vollständig belichteten „Sandkanal" stattfand. Auf diese Weise können erhebliche Anteile früherer Unterhaltungsarbeiten und -kosten vermieden werden (Bild 5.3).

125

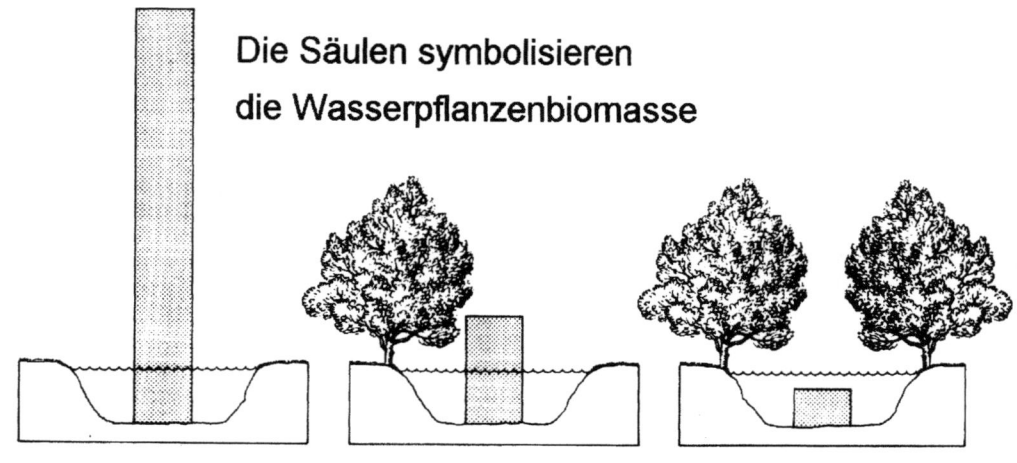

Die Säulen symbolisieren die Wasserpflanzenbiomasse

Trockengewicht der Wasserpflanzen pro Quadratmeter

| 290 g pr. m^2 | 60 g pr. m^2 | 10 g pr. m^2 |
| 0-10% Beschattung | 59-66% Beschattung | 87% Beschattung |

Bild 5.3: *Bereits durch lichten Schatten kann übermäßiges Wachstum von Wasserpflanzen verhindert werden.*

Neue Mäander für den Stensbæk

Der Stensbæk, ein Bach in Südjütland, fließt durch eine Ebene mit Schmelzwassersanden. Als Ergebnis einer früheren, 800 m langen Laufbegradigung wurde der Bach sehr instabil, die Ufer brachen ab und große Sandmengen wurden abwärts transportiert. Üblicherweise wurden solche Situationen früher durch dauerndes, kostenträchtiges Stacken bearbeitet. Hier bestand aber die Möglichkeit, den alten Bachlauf nach vorhandenen Karten wieder herzustellen. Wichtig ist bei solchen Arbeiten, daß Gefälle und Querprofil passend zu den Abflußverhältnissen gestaltet werden. Auch eine Prüfung, ob sich die Abflußverhältnisse vielleicht verändert haben, ist vorzunehmen. Ursache hierfür können großflächig neu dränierte Flächen oder Versiegelungen durch neue Bebauungspläne von Orten sein.

In vielen Fällen finden sich bei Probeschürfen noch die Abmessungen des alten Betts. Oft sind Mäander und in ihrem Lauf die Elemente Prall- und Gleithang noch nachzuvollziehen.

Wenn zu befürchten ist, daß ein neu gebaggertes Profil mit offenliegendem Boden vorübergehend so stark erodiert, daß die transportierten Bodenmengen das neue Profil zerstören, können die Außenkurven mit Steinen stabilisiert werden (Bild 5.4 und 5.5). Auch Kiesschüttungen an diesen Stellen, die vom Gewässer in die Rauschenpositionen bewegt werden können, sind oft eine erfolgreichere Investition als technisch angelegte Rauschen.

Bild 5.4: Die Außenkurven können mit Steinen stabilisiert werden.

10 cm Ø
max. 20 cm

Große Steine

| 0 | 0.2 | 0.4 | 0.6 m |

Bild 5.5: Der neu geformte Stensbæk hat bereits im Baustellenzustand außerordentliche Frühjahrshochwässer überstanden.

In vielen Fällen solcher Restrukturierungen bietet es sich an, einige Jahre später und vielleicht auch mehrfach, Kies und Geröll in das Gewässer einzubringen. Dies kann als Seiten"fütterung", als Sohlgleite oder Kiesbank geschehen. Auf diese Weise wird der Lebensraum vielfältiger, nach und nach stellt sich die charakteristische Lebensgemeinschaft des Baches wieder ein. Eine Vielzahl und eine gute Staffelung aller Altersstufen von Organismen, z.B. Forellen, zeigt schnell den Erfolg.

Das Anheben des Gewässerbetts

Der Elbæk, ein Zufluß im Oberlauf der Karup Au wurde bereits im 19. Jahrhundert kanalisiert. Wie so viele durch Heideflächen fließende Bäche schnitt er sich tiefer und tiefer in das Gelände ein, bis er 2 m unter Gelände verlief. Die Ufer brachen ein und massiver Sandtransport zerstörte den Bach.

1986 wurde der Bach restauriert mit dem Ziel, wieder einen produktiven Laich- und Aufwuchsbach für Forellen zurückzugewinnen. Während sich der Unterlauf mit einem Querschnitt von 1 m² naturnah entwickelt hatte und in der Lage war, das Wasser aus dem 15 km² großen Einzugsgebiet schadlos abzuleiten, wies der Oberlauf einen dreimal so großen Querschnitt auf! So lag es auf der Hand, daß dieser übergroße Querschnitt ohne Probleme angepaßt werden konnte.

Es wurde entschieden, den 3 m² großen Querschnitt auf 1 m² zu verringern. Da der Bach so extrem tief eingeschnitten war und die Aue inzwischen nicht mehr genutzt wurde, fiel die Entscheidung zugunsten eines neu anzulegenden, flach im Gelände verlaufenden Gewässers.

Als Gefälle wurden 1,8 ‰ gewählt, annähernd so wie im früheren Verlauf mit 1,4 ‰. Das entspricht einer Halbierung im Vergleich zur kanalisierten Strecke. Die Kurven wurden „schief" mit Prall- und Gleithang gebaggert, während die Geraden ein gleichmäßiges Profil erhielten (vgl. Bild 5.8). Bereits ein Jahr nach Fertigstellen der Bauarbeiten lebten ca. 25 Forellen auf 100 m² Gewässergrund.

Beim Ausbaggern neuer Fließstrecken sind zwei weitere Aspekte zu beachten. Das Baggern entnimmt dem Gewässerquerschnitt Steine, die bei eigendynamischer Entwicklung des Baches normalerweise den Gewässergrund gebildet hätten. Damit das Gewässer also genügend Steine zur weiteren eigendynamischen Entwicklung hat, sind entsprechende Mengen nach Baggerungen einzubringen (vgl. S. 106). Hieraus werden die Kolk-Rauschen-Strukturen entstehen. Die alte Gewässerstrecke kann je nach Situation erhalten bleiben und bildet möglicherweise eine Bereicherung der Landschaft mit Stillgewässern.

Mäander verhindern Verockerung

Die Rind Au, ein Nebengewässer des Skjern Au-Systems, wurde in den 1940ern begradigt. Da dieser Bach große Mengen Eisenocker über die Wintermonate transportierte, entschied sich der Bezirk Ringkøbing für eine Maßnahme, die sowohl die Mäander wieder herstellen wie auch das Ockerproblem beseitigen sollte. 1992 wurde eine Kanalstrecke von 1.800 m um 550 m durch Mäander verlängert (Bild 5.6). Oberhalb des Mittelwasserprofils wurden flache Mulden in die Auenwiesen geschoben und mit Gras angesät. Jetzt fließt das Winterhochwasser durch diese Mulden und wird vom Eisenocker gereinigt. Wie Tabelle 5.1 zeigt, ist am untersten Meßpunkt festzustellen, daß 75 % des Eisens (sowohl gelöstes wie Gesamteisen) entfernt sind.

Bild 5.6: *Die Mäander und Meßpunkte an der Rind Au.*

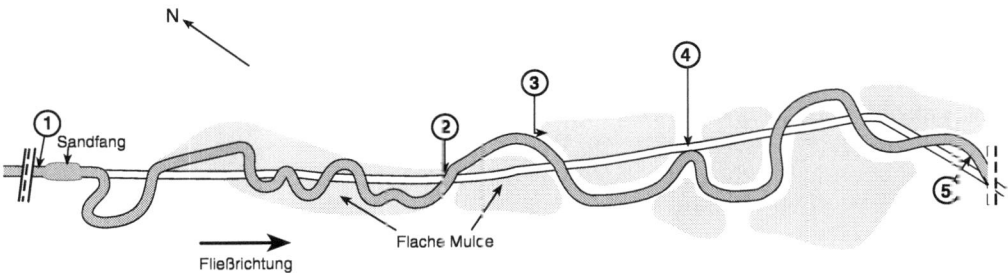

Tab. 5.1: *Ocker-Entfernung in der restaurierten Rind Au.*

Meßpunkt (vgl. Bild 5.6)	1	2	3	4	5
Gesamteisen (mg/l)	2,0	0,68	0,66	0,38	0,50
Gelöstes Eisen (mg/l)	0,56	0,23	0,24	0,38	0,11

Durch dieses Projekt konnte sehr gut die Reinigungswirkung überfluteter Flächen während der Winterhochwässer aufgezeigt werden. Gleichzeitig war diese Maßnahme ein gutes Beispiel für eine unbürokratische Kooperation von Grundeigentümern und Verwaltung. 1991 regten einige Grundeigentümer die Gewässerverbesserung an und sie wurde schon 1992 durchgeführt. Später wurden weitere Verbesserungen durch Anlegen der genannten Mulden vorgenommen.

Von geplatteten Kanälen zu mäandrierenden Fließgewässern

Viele der am extremsten ausgebauten dänischen Gewässer fanden sich im Umfeld der Hauptstadt Kopenhagen. Die alten Wasserbauplanungen hatten hier zu geplatteten Kanälen geführt, in denen das Wasser so schnell wie möglich abgeleitet werden sollte. Eine Überlegung hierfür war, daß das schnelle Ableiten auch Nährstoffe schnell (ins Meer) wegträgt und so übermäßiges, die Unterhaltung erschwerendes Pflanzenwachstum im Fließgewässer verhindert werden könnte(!).

Ende der 80er Jahre fanden die Restaurierungsarbeiten statt. Die Platten wurden entfernt und das Querprofil wurde um 2 Drittel eingeengt. So konnte ein schmales, auch im Sommer wasserführendes Bett erzielt werden. Da der Wasserstand bei Starkniederschlägen mit der 50–100fachen Wassermenge schnell ansteigt, waren besondere Maßnahmen notwendig. Man entschied sich für ein zweistufiges Profil und die Möglichkeit, bei sehr hohen Abflüssen Wasser in benachbarte Feuchtgebiete fließen zu lassen, bevor sie das Meer erreichen. Für extrem trockene Sommer ist vorgesehen, Grundwasser in einer Menge von 10 l/s dem Wasserlauf zuzuführen. 1991 wurde das Gewässer mit Forellen besetzt und in den Folgejahren konnte nachgewiesen werden, daß selbst ein so verunstaltetes Gewässer schnell wieder zu einem geeigneten Lebensraum wird.

Die gewundene Gels Au entsteht neu

Die Gels Au ist ein Hauptnebenfluß im Einzugsgebiet der Ribe Au. Wie die meisten Gewässer war auch dieser Fluß

Bild 5.7: *Die Gels Au vor und nach der Restaurierung.*

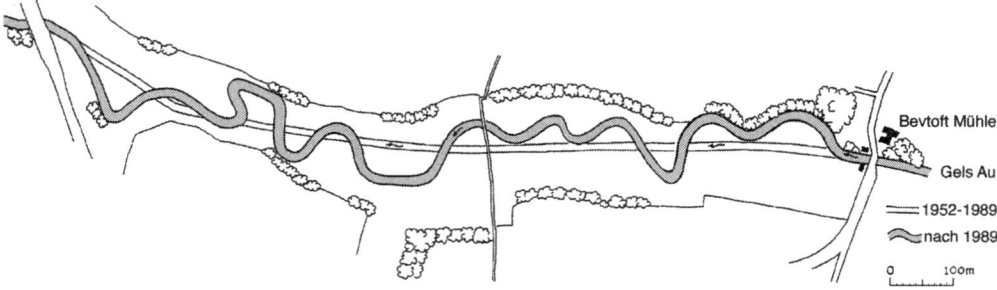

Bevtoft Mühle

Gels Au

1952-1989

nach 1989

0   100m

130

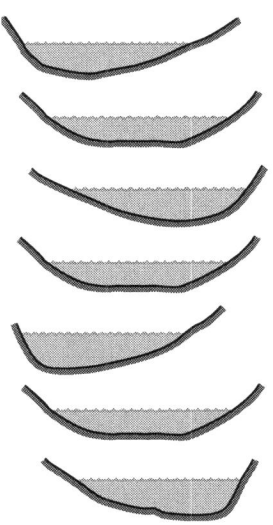

Bild 5.8: *Profile verschiedener Teile der remäandrierten Gels Au.*

kanalisiert. Damit eine kleine Wiese nahe der Ortschaft Bevtoft nutzbar wurde, führte man 1952 eine Kanalisierung für 200.000 dänische Kronen aus. Innerhalb weniger Jahrzehnte war der Wert dieser Wiese aber bereits verschwunden, zum Teil, weil der Torfboden durch Entwässern, Schrumpfen und Selbstabbau verschwand, zum Teil wegen der geringen Größe der Fläche. 1989 ergriffen einige Bürger die Initiative das Gewässer wieder zu mäandrieren.

Nach alten Kartenunterlagen wurde der neue Lauf ausgebaggert (Bild 5.7). Während der kanalisierte Lauf 1.340 m lang war, beträgt die neue Länge 1.850 m. Bei der Kalkulation des neuen Profils wurde zukünftigen Überflutungen große Aufmerksamkeit geschenkt. Der pflanzenfreie Querschnitt reicht für 5 m³/s aus. Das bedeutet, daß die Aue ähnlich dem Naturzustand jedes zweite Jahr überflutet wird.

Wie bereits oben dargestellt, werden die Kurven asymmetrisch (Prallhang/Gleithang) und die Geraden symmetrisch gebaggert (Bild 5.8).

So baggert man neue Mäander

Beim Bau neuer Mäanderstrecken müssen die abwärts gelegenen Strecken vor Bodeneintrag geschützt werden. In vielen Fällen ist daher im untersten Bauabschnitt ein Sandfang vorübergehend eingebaut worden. Der Baubeginn wurde an den untersten Abschnitt gelegt, Wasserdurchfluß wurde so lange ferngehalten, bis der gesamte Bereich fertiggestellt war. Sobald ein neuer Mäander den kanalisierten Gewässerlauf erreicht, wird die Baggerung gestoppt und das untere Ende geöffnet (Bild 5.9).

Nachdem alles für den Wasserdurchfluß vorbereitet ist, werden die neuen Mäander vom obersten Bauabschnitt beginnend geöffnet. Mit dem ausgehobenen Boden kann der alte Kanal verschlossen werden. Es hat sich als günstig herausgestellt, möglichst in abflußarmen Perioden zu arbeiten und deutlich vor der Forellenlaichzeit fertig zu sein. Tabelle 5.2 listet die einzelnen Arbeitsschritte auf, sie soll nur zur groben Orientierung dienen.

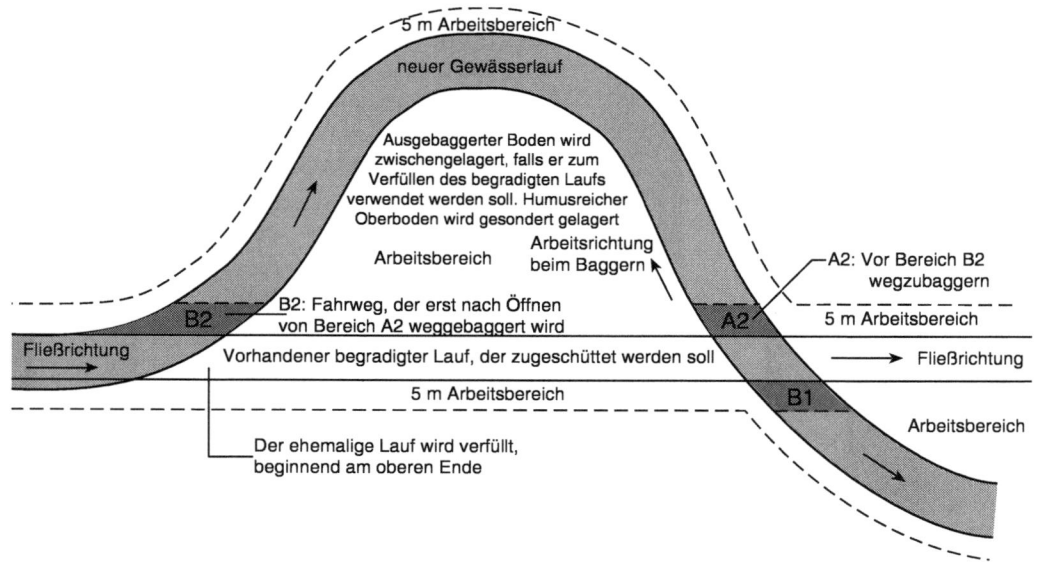

Bild 5.9: *Hinweise für die Baggerung neuer Mäander*

An den neuen Ufern liegt der Boden zunächst offen und ist anfällig für Wasser-, gelegentlich auch für Winderosion. Es hat sich jedoch nicht nur aus Kostengründen, sondern auch im Hinblick auf die sich ausbildende Pflanzengesellschaft als günstig erwiesen, der Pflanzensukzession den Vorrang vor Anpflanzungen zu geben.

Arbeitsschritte einer Remäandrierung

- Planung, Vorstudien
- Überlegungen zur Technik (Bauwerke wie Brücken mit Bermen als Wanderkorridore, Sichern von Rohrleitungen, Kabeln etc.)
- Festlegungen zur Überwachung und für Ausgleichszahlungen an Grundeigentümer
- Ausheben des Sandfangs
- Herstellen des neuen Wasserlaufs
- ggf. Verfüllen des alten Wasserlaufs
- Anlegen von Laichbetten mit Kies und Geröll
- Sichern der Prallhänge mit Steinen und Geröll
- Bau von Rauschen an Abstürzen

Tab. 5.2: *Arbeitsschritte*

Erfolgskontrollen

Untersuchungen des Gewässers über einen Zweijahreszeitraum nach der Baumaßnahme zeigen, daß es sich meist innerhalb eines Jahres selbst einen im dynamischen Gleichgewicht befindlichen Verlauf gegeben hat. Dies schließt natürlich im Einzelfall nicht aus, daß ganze Bauabschnitte durch Unwetter zerstört werden. Im zweiten Sommer entspricht die Vegetation in der Regel dem Umfeld. Detailuntersuchungen weisen sehr deutlich die einzelnen Zeitabschnitte aus: Neubesiedlung mit Primärbesiedlern am Anfang und Ausbildung einer ortstypischen Artenzusammensetzung im weiteren Verlauf.

Wegen der größeren Vielfalt an Kleinlebensraumtypen stellt sich über die Zeit im neuen Gewässerlauf eine artenreichere und meist sehr viel individuenreichere Besiedlung ein. Dies kann mehr als das 10–20fache der vorherigen Besiedlung sein. Die Produktivität des Gewässers ist wesentlich verbessert. Insbesondere die bachtypischen Kies-, Geröll- und Totholzbewohner sind wieder vorzufinden.

Gewässer können sich selbst helfen / Eigendynamik

Normalerweise schaffen sich die Gewässer ihre Mäander selbst, dies kann je nach Boden, Gefälle etc. jedoch sehr lange Zeit in Anspruch nehmen. Überläßt man ein kanalisiertes Fließgewässer sich selbst, bilden sich bald mäanderähnliche Strukturen aus (Bild 5.10), die den früheren Windungen allerdings noch nicht entsprechen. Man nimmt für Tieflandbäche an, daß es 100 Jahre und länger dauern kann, bis solche Strukturen wieder entstanden sind.

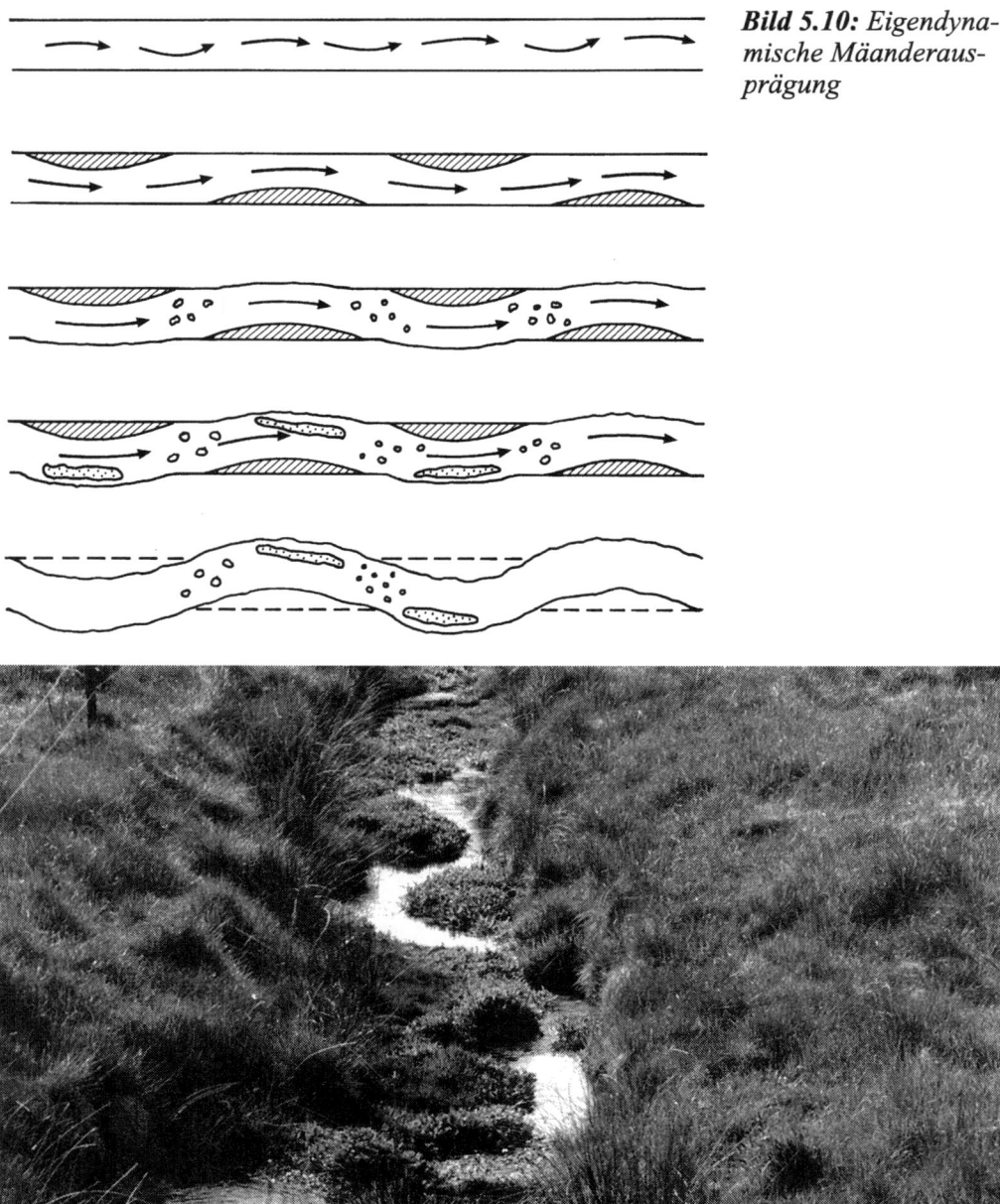

Bild 5.10: *Eigendyna-mische Mäanderaus-prägung*

Das folgende Kapitel beschreibt, wie weit wir auf unserem Weg zu naturnäheren Gewässern inzwischen gekommen sind.

6. Was wurde bisher erreicht?

Inzwischen konnten in vielen Gebieten Europas gute Fortschritte gemacht werden, soweit die früher harte Gewässerunterhaltung auf schonendere, punktuelle Maßnahmen umgestellt wurde. Wo dies nicht der Fall ist, sind allerdings immer noch die strukturarmen Wüsteneien mit massivem Bodenabtrag und den entsprechenden Folgekosten für Ausbaggerungen vorzufinden. Ein flächenhaft gleichsinniges Vorgehen steht auch in Deutschland, z.B. im norddeutschen Tiefland aus, obwohl das Wasserrecht eine klare Sprache für Strukturverbesserung spricht. Insgesamt aber ist festzustellen, daß zunehmend ein Umdenken stattfindet.

Viele verschiedene Ansätze der Renaturierung wurden gewählt. Eine Zielsetzung beabsichtigt, die Fischbesiedlung zu verbessern. Das Wiederherstellen der Durchgängigkeit des Gewässers für wandernde Organismen und die Anlage neuer Laichplätze sind beispielsweise als Maßnahmen hierfür zu nennen. Auch neue Mäanderstrecken wurden in vielen Fällen gebaggert.

In diesem Zusammenhang muß nochmals erwähnt werden, daß gute Wasserqualität durch Abwasserreinigung allein keine guten Gewässer erzielt. Beim heutigen Stand sind es insbesondere die Gewässerunterhaltung und das Restaurieren von Lebensräumen, die neue Möglichkeiten zur Wiederbesiedlung mit Indikatorarten ermöglichen. Beide „Arbeitslinien" - Abwasserreinigung und Strukturverbesserung - ergänzen sich also auf dem Weg zu guter Gewässerqualität.

Es muß klar sein, daß schonende Gewässerunterhaltung an allen Strecken einzuführen ist, nicht zuletzt an den kleinen Quellbächen, die die Kinderstuben der größeren Gewässer darstellen. Ein wesentlicher Grundsatz dafür ist, nicht durchgängig mit Maschineneinsatz zu arbeiten. Viele bisherige Arbeitsschritte sind schlicht unnötig und produzieren nur Kosten.

Wie vorn dargestellt wurde, entstehen im Extremfall noch Schäden, die mit weiterem Kostenaufwand zu beseitigen sind. Viele Arbeiten produzieren geradezu einen Teufelskreis. So ist ein beschattetes Gewässer nach dem Anpflanzen oder natürlichen Aufwachsen von Erlen am Ufer nur noch punktuell und sehr viel günstiger zu unterhalten als dies vorher durch fortwährendes Mähen der unbeschatteten Strecken der Fall war. Anstelle von Maschinenarbeit ist Mähen eines Stromstrichs in Handarbeit ein weiterer Weg zu weniger Aufwand in der Gewässerunterhaltung. Soweit Grundräumungen überhaupt erforderlich sind, müssen sie im Frühherbst erfolgen, bevor die Laichwanderung und das Ablaichen der Forellen begonnen haben.

Auch das Thema Durchgängigkeit gilt natürlich aus demselben Grund bis zur Quelle. Sommertrockene Bäche erhalten heute so gut wie keine Beachtung, dabei sind auch sie in der Lage, vom Ei bis zum einsömmrigen Jungfisch 5–10 Forellen/m^2 zu produzieren. Addiert man diese vernachlässigten Strecken, die im Gesamtgewässernetz einen großen Anteil ausmachen, kommen riesige Zahlen zustande, die das Ausmaß dieser „verlorenen Optionen" verdeutlichen. (Der Bezug auf Forellen ist, wie vorn dargestellt, lediglich als Indikator zu verstehen.)

Als günstig hat sich erwiesen, wenn Unterhaltungsverbände sogenannte Unterhaltungsrahmenpläne erstellt haben. Allerdings muß darauf hingewiesen werden, daß viele dieser Pläne nicht von Bachspezialisten erarbeitet wurden, sondern von Personen, die z.B. aus der Ingenieurtechnik oder dem Feuchtgebietsschutz stammen. Hier sind dann meist fehlerhafte Zeitpläne für Arbeitsschritte zu finden. Es muß klar sein, daß z.B. Grundräumungen nicht in der Zeit der Laichwanderungen und in den Laichzeiten, d.h. zwischen Mitte Oktober und Mitte Juni stattfinden dürfen.

Auch ein guter Plan ist natürlich nur so gut, wie anschließend nach ihm gearbeitet wird. Wenn auf das notwendige Minimieren von Eingriffen großer Wert gelegt wird und anstelle durchgängiger Grundräumungen „unsaubere Unterhaltung" wie das punktuelle Anreißen von Pflanzenpolstern empfohlen wird, in der Praxis jedoch weiter streckenhaft eine Sandwüste gebaggert wird, ist die Kostenausgabe für die Planerstellung zweifelhaft.

Klar ist natürlich auch, daß nicht nur das eingesetzte Gerät, sondern auch die Art der Ausführung eine große Rolle in der schonenden Gewässerunterhaltung spielt. Wenn per Handarbeit über die gesamte Gewässerbreite alles Leben ausgeräumt und am Ufer kompostiert wird, ist dies für die Organismen und die Beitragszahler nicht günstiger als die Maschinenunterhaltung.

Bei längerer Erfahrung mit schonender Gewässerunterhaltung ist neben der Lebensraumverbesserung eine deutliche Kostenverminderung festzustellen. Dies wird inzwischen auch in Deutschland zunehmend erkannt (DVWK 1999).

Beachten des Preis-Leistungs-Verhältnisses

Unter dem Motto „so viele Passagen wie möglich für das vorhandene Geld" wurden Ansätze versucht, die die Planungskosten und den Genehmigungsumfang so gering wie möglich halten. So wurden, speziell bei kleineren Projekten, oft nur Skizzen auf einer DIN A4-Seite zwischen den Akteuren abgestimmt und das Projekt in die Tat umgesetzt. Nur bei großen Projekten, bei denen aus Abfluß- oder Finanzierungsgründen die Notwendigkeit bestand, wurden detaillierte Messungen, Zeichnungen usw. vorab angefertigt.

Bei derart unbürokratischen, einfachen Vorgehensweisen wird natürlich von vornherein damit gerechnet, daß nicht alles klappt. Zum Beispiel wird beim Anlegen von Rauschen öfter kontrolliert, ob sich für oberhalb liegende Nutzer Entwässerungsprobleme ergeben, die eine Nachprofilierung der Rausche notwendig machen. Auf der anderen Seite kann die Korngröße des eingebauten Steinmaterials zu klein sein, so daß die Rausche weggespült oder von Sand überlagert wird. Auch dies wird bei kleineren Projekten eher als Lernen mit den Kräften der Natur verstanden, denn als Ausführungsfehler gesehen. Interessanterweise hat sich herausgestellt, daß alle Arbeiten, die in der Praxis entstanden und von Naturbeobachtern durchgeführt wurden, fast keine Ausfälle verzeichnen.

Kurz gesagt: Eine ungünstig ausgeführte Maßnahme, z.B. falsch gewähltes oder platziertes Steinmaterial, wird meist im Vergleich zur Höhe einer teuren Vorplanung zu 10fach geringeren Kosten umgestaltet oder ersetzt. Außer für sehr große Maßnahmen sollte man hohe Planungskosten von vornherein vermeiden.

Folgeuntersuchungen werden nur selten durchgeführt. Soweit Rauschen mit einem Gefälle von 1–2,5 % ausgeführt werden, ist aber hinreichend bekannt, daß die Passage für die Gewässerorganismen möglich ist.

Verbessern sich die Fließgewässer?

Kapitel 2 gibt Beispiele dafür, daß die schonende Gewässerunterhaltung und ein auch ansonsten umweltfreundlicherer Umgang mit den Fließgewässern eine positive Wirkung auf die Tier- und Pflanzenwelt haben. In Zukunft werden hoffentlich Vergleichsuntersuchungen an Struktur und Orga-

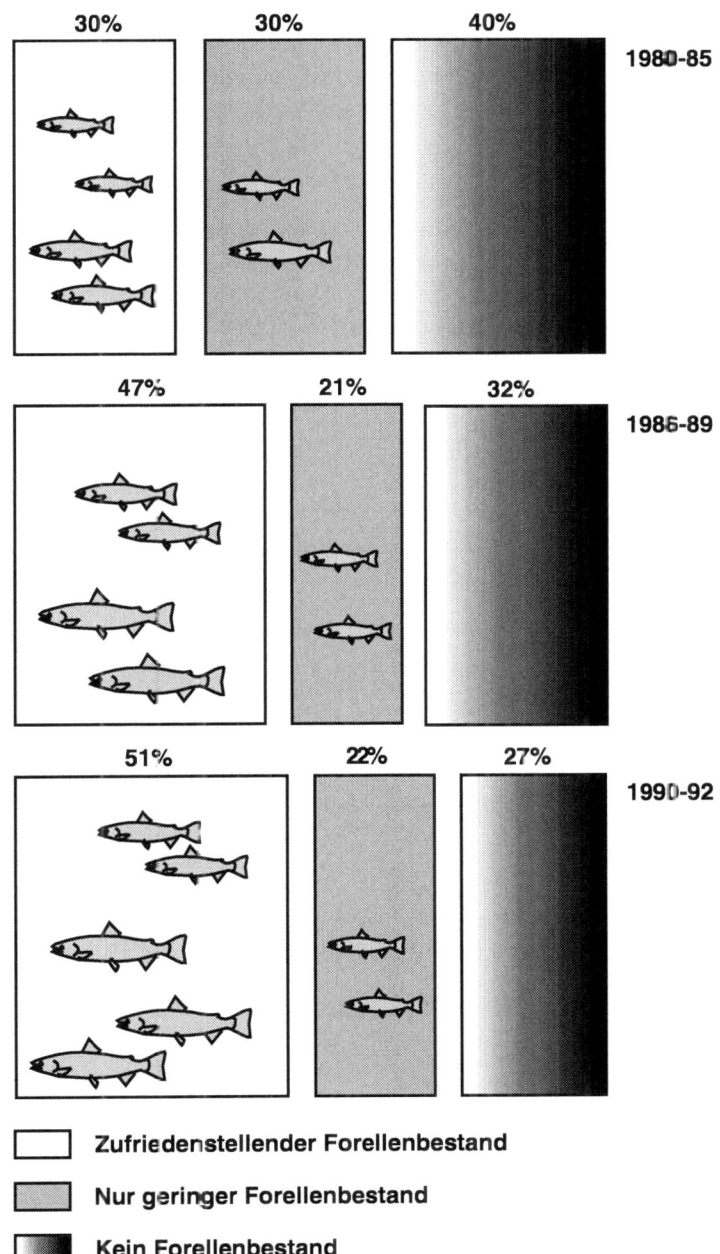

Bild 6.1: *Verbesserungen der Forellenpopulationen im Bezirk Ribe.*

nismenvielfalt belegen, daß wie bei der Abwasserreinigung flächendeckend erfolgreiche Ergebnisse erzielt wurden. Erste Daten hierzu, unter anderem aus dem südlichen Umland Hamburgs, stimmen ausgesprochen optimistisch sowohl im Hinblick auf Arten- wie Individuenzahlen.

Sehr anschaulich hat der Bezirk Ribe die Entwicklung dokumentiert (Bild 6.1). In den 990 km des Bezirkes, die der Salmonidenregion angehören, konnten außerordentliche Verbesserungen nachgewiesen werden. Dies läßt für die Zukunft der Fließgewässer in deutschen Bundesländern wie Schleswig-Holstein, Niedersachsen und Mecklenburg-Vorpommern hoffen. In deren Geest- und Hügellandbereichen finden sich großflächig die gleichen oder ähnliche eiszeitgeprägte Grundvoraussetzungen wie im durch eher geringes Geländegefälle dominierten dänischen Bezirk Ribe.

Auch für die Äsche sind solche Lebensraumverbesserungen belegt. In der Vejen Au war die Population in den 60er Jahren verschwunden. Seitdem wurde regelmäßig mit Besatz nachgeholfen, zuletzt 1989. Die Untersuchung der Bestände in 1992 ergab überraschenderweise, daß zahlreiche Jährlinge vorhan-

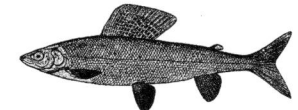

Thymallus thymallus

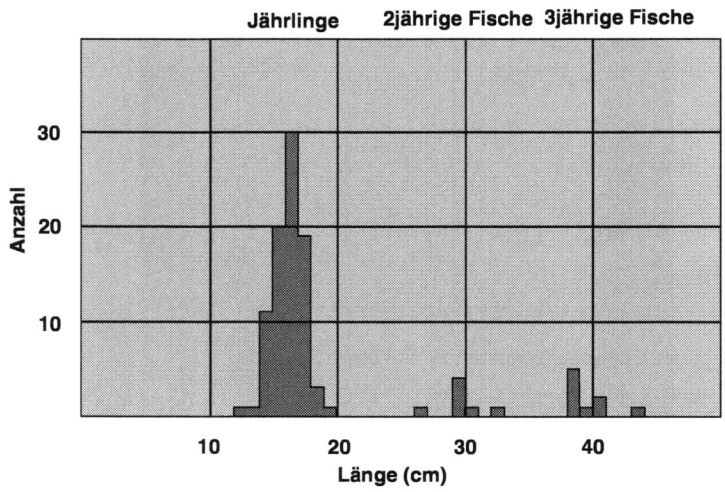

Bild 6.2: In der Vejen Au ist wieder ein natürlicher Äschenbestand mit Jungfischen vorhanden. Besatzmaßnahmen sind somit überflüssig geworden.

140

den waren, also eine natürliche Vermehrung offenbar wieder stattfindet (Bild 6.2).

Werden die Bäche sauberer?

Bevor ein guter Gewässerzustand erreicht ist, müssen viele Faktoren erfüllt sein. Die Wasserqualität soll einen Mindestzustand nicht unterschreiten. Meist ist die Güteklasse II als Mindestziel festgelegt, bei zu sanierenden Gewässern vielleicht lokal ein Zwischensanierungsziel von II - III. Für Bachoberläufe gilt ganz klar, daß als Zielgröße Wasserqualitäten von Güte I - II anzustreben sind.

Von diesen Zielen sind wir - bei allen erzielten Erfolgen - aber fast überall noch weit entfernt (Tent 2000). Bild 6.3 gibt ein Beispiel für einen Hamburger Bezirk, in den Flächenländern sieht es weitgehend genauso aus. Wenn man sich die kleineren Gewässer genauer ansieht, ist hier erheblicher Handlungsbedarf. Meist stellt sich heraus, daß – durch fortwährend harte (rechtswidrige) Gewässerunterhaltung verursachte – schwache Strömung und eintönige Struktur vorherrschen, so daß die Wasserqualitätsanalyse auch bei chemisch zufriedenstellenden Daten schon vom Ansatz her keine guten Resultate erzielen kann.

Bild 6.3: *Die zeitliche Entwicklung der Wassergüte am Beispiel des Bezirks Wandsbek, Freie und Hansestadt Hamburg.*

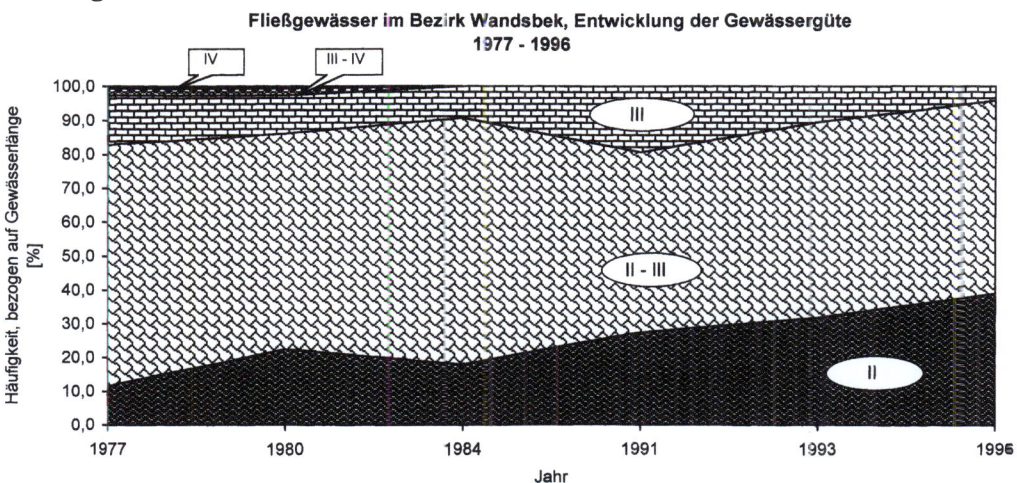

Bessere Lebensräume - bessere „Güteklassen"

Die sogenannten Reinwasserorganismen, die oft auch Indikatoren für Strömungsturbulenz sind, können nur in Bereichen leben, die ausreichende Sauerstoffverhältnisse aufweisen. Viele von ihnen leben auf Steinen (Bild 6.4). Wenn diese Steine mit Eisenocker belegt, mit Sand zugedeckt, bei Hochwässern durch Sandtreiben („Sandstrahlgebläse"!) abgeschmirgelt oder durch Grundräumungen (Baggerungen) entfernt werden, wird dieses Gewässer keine solchen Indikatoren beherbergen können - unabhängig von der chemischen Wasserqualität. So wird die Einstufung schlechter ausfallen, als sie eigentlich müßte.

Bild 6.4: *Steiniger Gewässergrund bietet gute Lebensbedingungen für eine Vielzahl von Arten, darunter viele Reinwasserindikatoren (nach Fey 1996).*

Beim Ersetzen der sandigen Wüsten durch Kolk-Rausche-Abfolgen mit Kies und Geröll steigt die Zahl der Reinwasserorganismen geradezu dramatisch an. Der Wasserlauf erreicht bei Untersuchungen eine bessere Güteklasse. Systematische Vergleiche, z.B. im Bezirk Århus haben ergeben, daß „Verbesserungen" von Klasse II - III in Klasse II, zum Teil sogar in Klasse I - II nicht ungewöhnlich sind. So erfüllen dann nach Strukturverbesserung mehr Gewässer die Anforderungen.

Ein Fließgewässer mit vielen verschiedenen Kleinlebensräumen wird im Regelfall also bei gleicher chemischer Wasserbeschaffenheit in eine bessere Güteklasse einzustufen sein als ein einförmiges, naturfernes Gewässer. Ein Bach mit Steinen, Kies und Totholz am Gewässergrund, Stauden und Erlen am Ufer wird von vielen verschiedenen Arten besiedelt im Gegensatz zu einem Gewässer mit einem stabilen oder gar bewegten Sandboden, in dem nur der Igelkolben wächst. Hier existieren nur wenige Arten, die trotz oft hoher Individuendichten nur eine Einstufung in eine schlechtere Güteklasse zulassen.

Eine Stromrinne bietet bereits Lebensmöglichkeiten für viele Reinwasserorganismen, teils wegen des hierdurch freigespülten Kiesgrundes und teils wegen der flutenden Pflanzenpolster. Klar ist natürlich, daß eine gute Struktur eine notwendige Abwasserreinigung im Einzugsgebiet nicht ersetzen kann!

Die Selbstreinigung des Fließgewässers

Es sind nicht nur die guten physischen Bedingungen für Wirbellose, die die Qualität des Gewässers aufstocken. Das Wasser wird durch diese Verhältnisse auch sauberer. Durch den besseren Kontakt des turbulent strömenden Wassers mit den festen, mit Biofilm aus Bakterien und Algen bewachsenen Oberflächen laufen die Umsetzungsprozesse besser ab. Durch die bessere Sauerstoffversorgung wirkt sich der mit der höheren Stoffumsetzung verbundene Sauerstoffverbrauch nicht negativ aus.

Im träge fließenden Gewässer dagegen können Sauerstoffdefizite entstehen und die Abbauprozesse stören. Wenn also die harte Gewässerunterhaltung Steine und Pflanzen aus dem Gewässer entfernt, wird gleichzeitig seine Leistung zur Selbstreinigung beschnitten. Als Konsequenz wird jede kleine Verschmutzung ihre merkbar negative Auswirkung zeigen. Schon beim Betrachten dieser unterschiedlichen Gewässer läßt sich dies leicht vorstellen (Bild 6.5).

Die Verbesserungen der physischen Bedingungen in unseren Fließgewässern, die die schonende Gewässerunterhaltung und Restrukturierungaktivitäten begleiten, können also helfen, die gewünschte gute Gewässerqualität zu erreichen.

Bild 6.5: *Ein Bach mit steiniger Sohle und turbulenter Strömung weist eine ausgezeichnete Belüftung auf (oben). Harte Gewässerunterhaltung kann dies zerstören (unten).*

Dieses Buch belegt an vielen Beispielen, wieviel mit oft geringem Einsatz in unseren Gewässern erreicht wurde. Flächendeckend ist weiter zu arbeiten und es ist vor allem zu hoffen, daß der politische Wille, beginnend im kleinen Dorf, diese Schritte beschleunigt. Das wachsende Interesse ist unzweifelhaft damit gekoppelt, daß schnelle Erfolge sichtbar gemacht werden können sowohl mit ansprechenderen Gewässerläufen wie auch mit besserer Fischbesiedlung. Zusätzlich bedeutend ist die verbesserte Leistung der Gewässer, mit Verunreinigungen fertig zu werden. Gewässerunterhaltung und Restaurierungmaßnahmen sind also nicht nur für das Gewässer selbst, sondern für den gesamten aquatischen Lebensraum bedeutsam.

7. Ausblick: Alles geht weiter ...

Unsere Umwelt ist immer von Veränderungen geprägt gewesen („Nichts ist so sicher wie der ständige Wandel"). Die Natur paßt sich diesen Veränderungen, ob durch klimatische, geologische oder menschliche Aktivitäten hervorgerufen, immer wieder entsprechend an. Wie man in „Moor-Bibliotheken" und See-Sedimenten an pflanzlichen und tierischen Indikatoren nachlesen kann, wurden die Landschaft und die Gewässer bereits in der frühen Eisenzeit durch den Menschen beeinflußt. Schon damals übernutzten unsere Vorfahren Teile der Natur. Bis zur Mitte des 20. Jahrhunderts spielten die hiesigen Gewässer und Wiesen eine bedeutende Rolle in der Erzeugung von Nahrung für Mensch und Tier. Und es waren nicht nur die Auen am Nil und am Euphrat, die von den jährlichen Überschwemmungen profitierten.

Die Ausbeutung der Fließgewässer veränderte sich aber, nahm zu. Sie wurden zur Hochwassersteuerung ausgebaut, eingedämmt. Schon vor Tausenden von Jahren wurde die Wasserkraft zum Antreiben von Mühlen genutzt. Häfen und Kanäle für die Binnenschifffahrt wurden angelegt. Tausende Kilometer Deiche wurden gebaut, um Wiesen vor Überflutungen zu schützen. Im 19. Jahrhundert wurde die gezielte Bewässerung und Düngung mit der sogenannten Rieselwiesenkultur in Norddeutschland eingeführt.

Neben Störungen der Durchgängigkeit, die früh durch Mühlendämme entstanden, wenn auch nicht so vollständig wie mit unseren heutigen Bauwerken, ist vor allem die industrielle und die fäkale Verunreinigung zu nennen, die stark anstieg mit Einführung des Wasserklosetts im 19. Jahrhundert. Bis in die 60er Jahre des 20. Jahrhunderts hat dann der rigorose Gewässerausbau und nachfolgend die harte Gewässerunterhaltung für die Zerstörungen in und an unseren Gewässern gesorgt.

Die Zeiten ändern sich aber. Wir sind nun in der Lage, die Verunreinigungen zu stoppen und die Ergebnisse können sich sehen lassen. Von end-of-the-pipe-Techniken hin zu integrierten Wirtschaftsweisen, die Kosten oder gar Schäden durch Abfallstoffe im Vorfeld vermeiden, sind wir ein gutes Stück vorangekommen. Wir haben auch gelernt, daß die Sicherung des notwendigen Wasserabflusses und der Erhalt einer naturnahen Gewässerstruktur keine Gegensätze sind. Darüberhinaus ist inzwischen auch klar, daß die Gewässerdurchgängigkeit ohne Probleme sichergestellt werden kann.

Dies alles ist aber nicht nur eine Frage neuer An- oder Einsichten. Die Zeiten haben sich auch in anderer Hinsicht geändert. Die Agrarproduktion pro Flächeneinheit ist inzwischen so angewachsen, daß es einfach unnötig ist, jede Fläche hierfür zu nutzen. Die tiefliegenden Wiesen entlang der Gewässer haben ihren Wert als Weideland lange eingebüßt. Intensiv genutzte, möglichst jederzeit befahrbare Mähwiesen haben sie abgelöst.

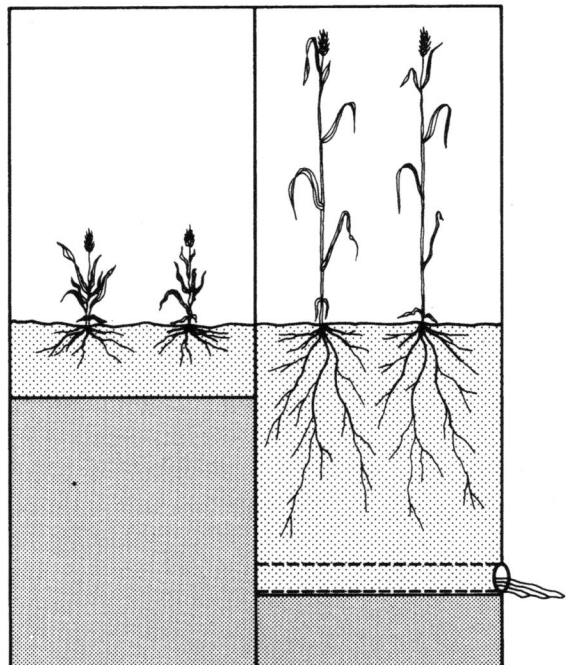

Bild 7.1: *In feuchtem Gelände mit hohem Grundwasserstand finden Nutzpflanzen wie Getreide keinen ausreichenden Wurzelraum.*

Die Zeit läuft und im Hinblick auf unsere Wiesen in mehrfacher Hinsicht. Eine der Notwendigkeiten für ihre Nutzung war oft die Dränung (Bild 7.1) oder anderweitige intensive Entwässerung. Wenn dies im anmoorigen Gelände geschieht, ist hierdurch „die Bodenuhr" auf höhere Geschwindigkeit gebracht worden. Der über Jahrtausende entstandene, jetzt entwässerte Boden verschwindet in viel kürzerer Zeit als zuvor, ein Teufelskreis kommt in Gang (Bild 7.2). Die Belüftung des entwässerten Moorbodens führt neben der Bodensackung zu seinem bakteriellen Abbau, sodaß innerhalb weniger Jahrzehnte die Nutzbarkeit durch das „Ankommen" im Grundwasser beendet ist.

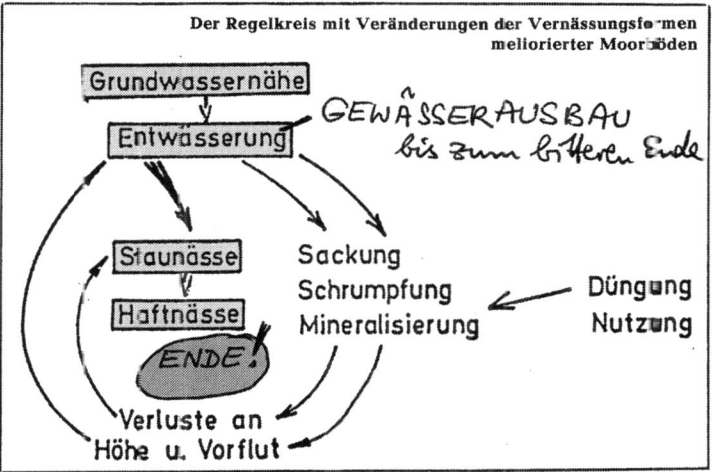

Bild 7.2: *Der Teufelskreis bei der Entwässerung von Moorböden (nach Kuntze 1984, verändert). Mit zunehmender Nutzungsintensität verschlechtern sich die Bodeneigenschaften.*

Auenwiesen kehren in einen natürlichen Zustand zurück

Als es noch ökonomisch sinnvoll war, tiefliegende Flächen zu entwässern, bzw. als noch Zuschüsse gezahlt wurden, wurden Dräns regelmäßig erneuert, sobald sie nicht mehr funktionsfähig waren. Gleichzeitig mußte natürlich das aufnehmende Gewässer vertieft, also ausgebaut werden oder das Dränagewasser mußte gepumpt werden. Mit den laufenden Entwicklungen in der Landwirtschaft ist es jedoch nicht mehr sinnvoll, Dräns in solchen Flächen zu erneuern. Nach und nach kehren also Uferwiesen in einen naturnäheren Zustand zurück, viele werden bereits nicht mehr genutzt.

Mit dem zurückgehenden Interesse an tiefliegenden Weiden geht nun der Wandel zu schonender Gewässerunterhaltung einher.

Die Kläranlage der Natur

Fließgewässer leiten das Wasser über ihre Mündungen ins Meer. Sie transportieren viele Substanzen, die dort Sauerstoffmangel und Fischsterben hervorrufen können. Technische Lösungen sind für viele Probleme vorhanden, z.B. kann weitergehende Abwasserreinigung angewandt werden. Neben der unabweisbar vorhandenen Restverschmutzung gibt es aber weitere Verunreinigungsquellen, z.B. Eisenocker aus dränierten Wiesen und Stickstoffverbindungen aus Äckern. Hierzu wurden in Kapitel 2 und 5 Lösungen präsentiert.

Die hoffentlich bald flächendeckend praktizierte schonende Gewässerunterhaltung hilft, die Verunreinigungen im Gewässer und seinem Umfeld zu halten und so die Meeresumwelt zu schützen. Schad- und Nährstoffe werden an- und abgelagert, zum Teil werden sie umgesetzt und erreichen so das Meer nicht mehr. Viele Untersuchungen haben inzwischen belegt, daß große Anteile des Stickstoffs und Phosphors zurückgehalten werden können. Die jährlichen Überflutungen der Auenräume bei hohen Abflüssen in Spätwinter und Frühjahr lagern die erodierten und teils die gelösten Stoffe auf den Auenflächen ab - ein Vorgang, der früher die Fruchtbarkeit der Wiesen bewirkte und regelmäßig erhöhte.

Es geschieht aber noch mehr auf dem Weg zu naturnäheren Wiesen. Insbesondere bei den anmoorigen Flächen ist lange verkannt worden, wie hoch ihre Denitrifikationsleistung sein kann. Pro ha und Jahr sind mehrere Hundert kg Stickstoff nichts Ungewöhnliches. Überzeugende Ergebnisse ergab eine Studie an der Gjern Au, bei der ein 13 m breiter Gewässerrandstreifen alles Nitrat aus dem Abfluß des angrenzenden Ackers entfernte (Bild 7.3).

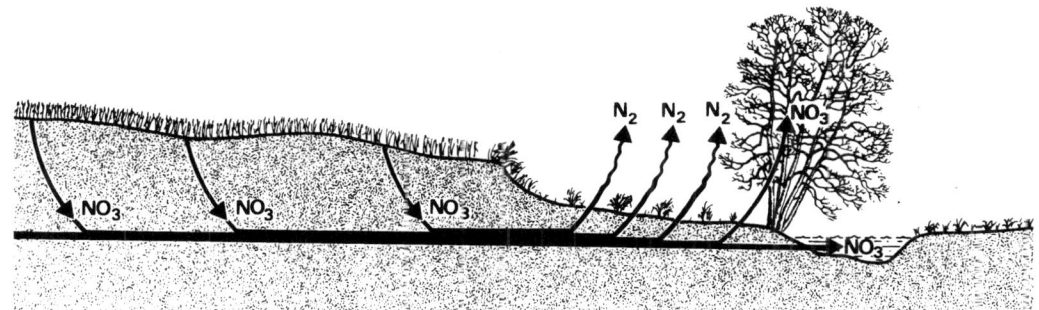

Bild 7.3: Feuchtwiesen und Feuchtgebiete entfernen Nitrat durch Denitrifikation.

Das Fließgewässer der Zukunft

Unabhängig von der Möglichkeit, mit Feuchtgebieten Teile des Stickstoffproblems zu verringern, ermöglicht die Einstellung der intensiven Nutzung von gewässernahem Grünland eine Vielzahl umweltbezogener Vorteile.

Die Gewässer können so unterhalten werden, daß gute, naturnahe Verhältnisse erreicht werden. Dabei können auch Erholungs- und Angelnutzung Teilziele sein. Egal, worauf man sich einigt, nicht alles ist zwangsläufig miteinander vereinbar. So können durchgehend mit Stauden und Bäumen bewachsene Ufer scheinbar die Angelei stören, aber von Vorteil für Pflanzen und Tiere des Gewässers und seiner Aue sein. Eine von Viehtritt zerstörte Uferpartie mag bestimmten Stauden- und Vogelarten besonders zusagen, führt aber zu erheblichem Bodeneintrag ins Gewässer und zerstört Fischunterstände und Laichmöglichkeiten.

In vielen Fällen wird es möglich sein, die Gewässerunterhaltung künftig fast ganz einzustellen. Wenige punktuelle Maßnahmen werden den notwendigen Wasserabfluß ermöglichen. Hieraus resultiert natürlich, daß derartige Gewässer im Laufe der natürlichen Sukzession, der zeitlichen Abfolge standorttypischer Pflanzengemeinschaften, einen geschlossenen Baum- und/oder Staudengürtel aufweisen werden. Diese vom Menschen kaum berührten Strecken werden sich von dem, was wir heute für „naturnah" halten, sicher stark unterscheiden. Viele werden dann wieder einen mäandrierenden Verlauf, andere vielleicht einen verzweigten mit einer Vielzahl von Inseln angenommen haben.

149

Von der Statik zur Dynamik

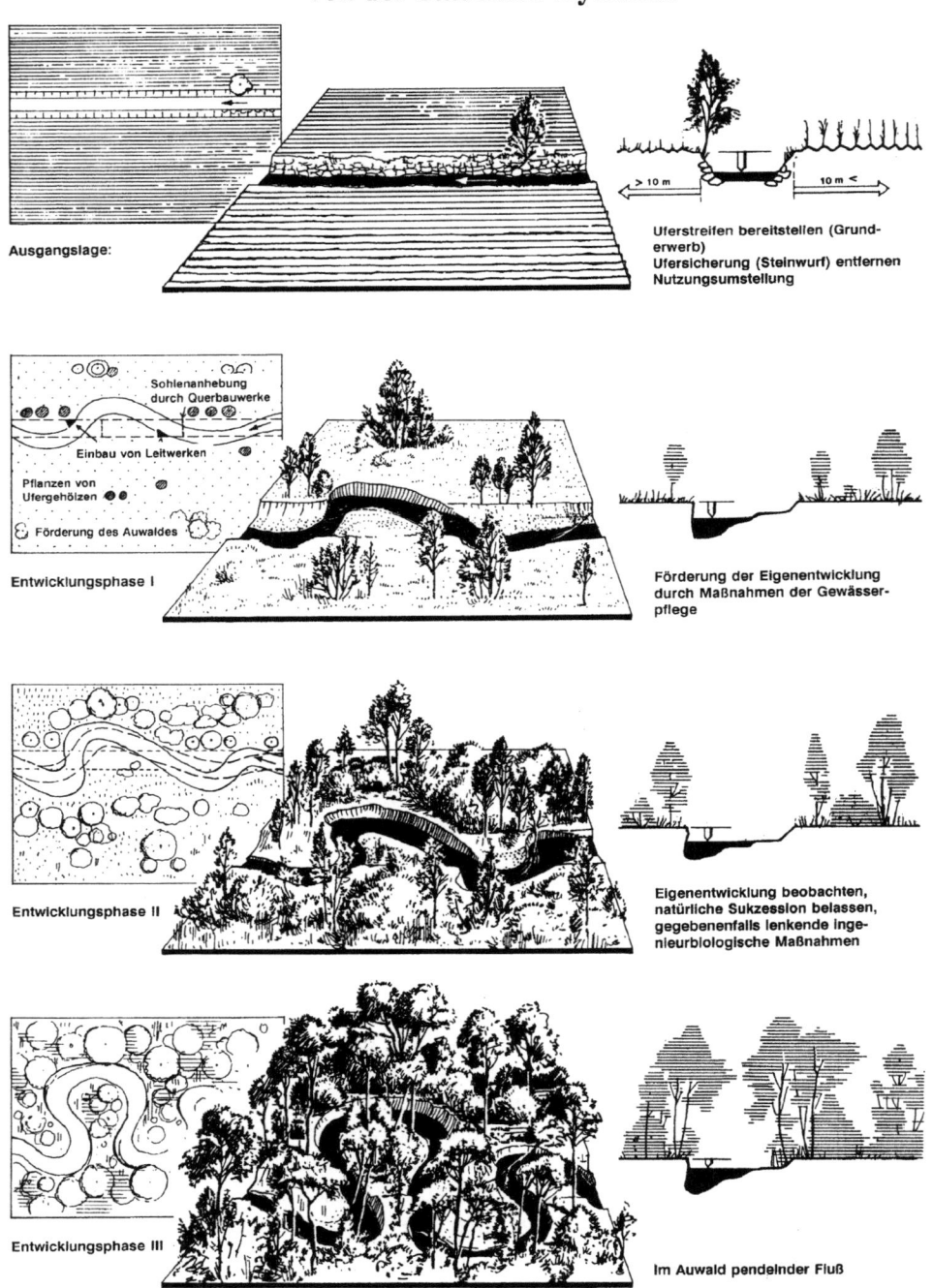

Ausgangslage:

Uferstreifen bereitstellen (Grund-
erwerb)
Ufersicherung (Steinwurf) entfernen
Nutzungsumstellung

Entwicklungsphase I

Sohlenanhebung
durch Querbauwerke

Einbau von Leitwerken

Pflanzen von
Ufergehölzen

Förderung des Auwaldes

Förderung der Eigenentwicklung
durch Maßnahmen der Gewässerpflege

Entwicklungsphase II

Eigenentwicklung beobachten,
natürliche Sukzession belassen,
gegebenenfalls lenkende inge-
nieurbiologische Maßnahmen

Entwicklungsphase III

Im Auwald pendelnder Fluß

150

Bild 7.4: *„ Von der Statik zur Dynamik"– Gewässerentwicklung auf dem Weg heute - morgen - übermorgen (Bayerisches Landesamt für Wasserwirtschaft, u.a. in DVWK 1996)*

Auch die Wiesen werden nicht dieselben bleiben wie heute. Sie werden von Weiden und Erlen überwachsen werden, die dem Gewässer Schatten spenden, an geeigneten Standorten werden Auenwälder wieder entstehen (Bild 7.4). Eine Vielzahl von Blütenpflanzen wird verschwinden. Die Wiesenbrüter unter den Vögeln haben sich bereits heute durch die Intensivierung unserer Wiesennutzung stark verringert. Dafür stellen sich künftig die Frühlingsblüher und früher heimische Tiere wie z.B. der Schwarzstorch wieder ein. Generell müssen wir anerkennen, daß wir den Artenreichtum der standorttypischen Vegetationsstruktur gar nicht so genau kennen, da in unseren Breiten alte, großflächige und stabile Vorbilder seit langem fehlen.

Der Mensch hat die Gewässer immer genutzt und sie dabei unterschiedlich stark beansprucht. Einst wurde Energie benötigt. Dann war es Wasser zur Nährstoffversorgung und Bewässerung. Heute sehen wir den Wert der Gewässer zunehmend in ihrer Bedeutung für die Erholung und als Produktionsstätte und Lebensraum standorttypischer Pflanzen und Tiere. Die Vielzahl von Ansprüchen muß aber wie auch früher gegeneinander abgewogen werden, um zu lokalen Lösungen zu kommen. Es ist also höchste Zeit, auf dem Weg zu guten, naturnahen Verhältnissen in unseren Gewässern, diesen Ausgleich herbeizuführen.

Ein Schlüsselwort im Natur- und Umweltschutz ist Vielseitigkeit bzw. Mannigfaltigkeit. Dies sollte auch für die Nutzung unserer wiederhergestellten guten Gewässerlebensräume gelten. Hier sollte Raum für eine Vielzahl verschiedener Lösungen sein, soweit sie sich an der nachhaltigen Gewässerentwicklung orientieren.

„Nutzbar in der Vergangenheit. Ein Vergnügen in der Zukunft." So lautet die Inschrift auf einem Denkstein am Taps Mühlenbach, einem Renaturierungsprojekt bei Christiansfeld, DK.

Das möge der Schlußsatz dieses Buches sein.

8. Literatur

Anmerkungen: Ein Großteil der in diesem Buch dargestellten Informationen entstammt der praktischen Arbeit
dänischer Bezirke an Gewässertypen, wie sie denen der
Geest und des Hügellandes im Norddeutschen Tiefland
entsprechen. Viel findet sich in Berichten und Artikeln
der Fachpresse wie auch in Zeitungen, aber die Mehrzahl ist durch persönliche Kontakte zusammengetragen
worden. Die Quellen dieser Informationen finden sich
in der dänischen Originalausgabe und in der englischen
Übersetzung. Sie werden hier nicht wiedergegeben, da
sie meist in dänischer Sprache verfaßt sind.

- Bent Lauge Madsen (1995): Danish Watercourses -
  Ten Years with the New Watercourse Act.- Miljønyt nr.
  11 (Hrsg.: Ministerium für Umwelt und Energie, DK,
  Miljøstyrelsen), ISBN 87-7810-344-4.
- Bent Lauge Madsen (1995): Vandløbene - ti år med den
  nye vandløbslov. 2. udgave. - Miljønyt nr. 13 (Hrsg.:
  wie vor), ISBN 87-7810-379-7.

Diese Bücher sind zu beziehen bei: Miljøbutikken, Læder-
stræde 1, DK-1201 København, Tel. 0045-3392 7692, Fax
0045-3392 7690.

Bei der Übersetzung und Bearbeitung eingefügte Inhalte werden im Folgenden zitiert. In diesen Arbeiten findet sich auch
weiterführende Literatur:

Altmüller, R. und R. Dettmer (1996): Unnatürliche Sand-
fracht in Geestbächen - Ursachen, Probleme und Ansätze für
Lösungsmöglichkeiten - am Beispiel der Lutter. - Inform.d.
Naturschutz Niedersachs. **16** (5): 222-237.

Bless, R. (1992): Einsichten in die Ökologie der Elritze *Phoxinus phoxinus* (L.) - Praktische Grundlagen zum Schutz einer
gefährdeten Fischart. - Schriftenreihe für Landschaftspflege
und Naturschutz **35**. - ISBN 37843-2030-9.

DVWK (1996): Fluß und Landschaft - Ökologische Entwicklungskonzepte. - Merkbl. zur Wasserwirtschaft **240**. - ISBN 3-89554-046-3.

DVWK (1999): Ökologische Aspekte bei der maschinellen Gewässerunterhaltung. - Materialien **4**. - ISSN 1436-1639.

Fey, J.M. (1996): Biologie am Bach - Praktische Limnologie für Schule und Naturschutz. - Biolog. Arbeitsbücher **48**. - Quelle & Meyer, Wiesbaden. - ISBN 3-494-01220-2.

Hansen, H. O. and B. L. Madsen (eds., 1997): River Restoration '96 - a) Plenary lectures, - International Conference arranged by the European Centre for River Restoration. - National Environmental Research Institute, Denmark. - ISBN 87-7772-317-1.

Hansen, H. O. and B. L. Madsen (eds., 1998): River Restoration '96 - b) Session Proceedings. - ISBN 87-7772-374-0.

Janssen, G. (1999): Bachrenaturierung als Möglichkeit zur Verbesserung von Nahrungshabitaten des Schwarzstorchs (*Ciconia nigra*) am Beispiel Schleswig-Holsteins. - Vogel und Umwelt **10** (3/4).

Janssen, G. und H.-J. Gäbler (1984): Unterhaltungsregelungen an Meerforellenlaichgewässern - Möglichkeiten der Zusammenarbeit von Sportfischern und Wasser- und Bodenverbänden. - Wasser und Boden **36**: 16-20.

Kuntze, H. (1984): Bewirtschaftung und Düngung von Moorböden. - Berichte des Bodentechnologischen Instituts des Nds. Landesamtes für Bodenforschung. 80 S.

LANU-SH (1999, Landesamt für Natur und Umwelt des Landes Schleswig-Holstein): Neunaugen und Fische der schleswig-holsteinischen Fließgewässer. - ISSN 0935-4697.

LfU BW (1999, Landesanstalt für Umweltschutz Baden-Württemberg, Hrsg.): Rauhe Rampen in Fließgewässern. - Oberirdische Gewässer, Gewässerökologie **45**. - ISSN 1436-7882.

MELF-SH (1985, Der Minister für Ernährung, Landwirtschaft und Forsten, Hrsg.): Bachläufe in Schleswig-Holstein als Lebensräume einer vielfältigen Tier- und Pflanzenwelt. - Heft **22**. - ISSN 0173-9816.

MUNF-SH (1998, Der Minister für Umwelt, Natur und Forsten, Hrsg.): Statusbericht Kommunale Abwassermaßnahmen Schleswig-Holstein. - ISSN 0935-4697.

NUA (2000, Natur- und Umweltschutz-Akademie des Landes Nordrhein-Westfalen, Hrsg.): Gewässer ohne Wasser? Ökologie, Bewertung, Management temporärer Gewässer. - NUA-Seminarbericht **5**. - ISSN 1436-0284.

Spratte, S. und U. Hartmann (1998): Fischartenkataster - Süßwasserfische und Neunaugen in Schleswig-Holstein. - Min. f. ländl. Räume, Landw., Ernähr. u. Tourismus Schleswig-Holstein (Hrsg.). - ISSN 0935-4697.

Tent, L. (1997): Konzepte zur Renaturierung von Fließgewässern und Auen - Wird zuviel untersucht und zuwenig getan? - in: Dembinski, M. und U. Werder (Hrsg.): Renaturierung von Fließgewässern und Auen. - VSÖ-Publikationen **2**: 7-15. - ISBN 3-932681-04-5.

Tent, L. (2000): Gewässerentwicklungsplanung an Tieflandbächen - vom Konflikt zur Realisierung nachhaltigen Gewässerschutzes. - Wasser und Boden **52** (6)

Tolkamp, H. H. (1980): Organism-substrate Relationships in Lowland Streams. - Center for Agricultural Publishing and Documentation, Wageningen, Agric. Res. Rep. **907**: 1-211.